我是个科学家，我没那么了不起：
学霸的非典型往事

豌豆皮 著

本书以幽默的语言，从学习、生活、工作等六个方面分别对科学史上著名科学家们的真实故事进行了描述。将科学家们拥有怎样的怪癖，具有哪些天才技能点，人生中经历了哪些倒霉事儿以及后世对他们添加了哪些神化效果都一一呈现了出来，从而让读者们回想起那些曾经出现在教科书上的世界级学霸们其实也只是普通人而已。他们也有着七情六欲与喜怒哀乐，也少不了年少轻狂与钩心斗角。从这些著名科学家的小故事里，读出他们才华横溢的人生，以及在科学发现道路上的种种遭遇，从而在愉快的阅读体验中去感知科学家的精神。

图书在版编目（CIP）数据

我是个科学家，我没么么了不起：学霸的非典型往事 / 豌豆皮著. —北京：机械工业出版社，2021.6
ISBN 978-7-111-68264-6

Ⅰ.①我… Ⅱ.①豌… Ⅲ.①科学家-生平事迹-世界-通俗读物 Ⅳ.①K816.1-49

中国版本图书馆 CIP 数据核字（2021）第 093151 号

机械工业出版社（北京市百万庄大街22号　邮政编码100037）
策划编辑：韩沫言　　　　　责任编辑：韩沫言
责任校对：赵　燕　肖　琳　封面设计：王喜华
责任印制：孙　炜
北京联业盛业印刷股份有限公司印刷
2021年6月第1版·第1次印刷
148mm×210mm·8.625 印张·154 千字
标准书号：ISBN 978-7-111-68264-6
定价：56.00 元

电话服务　　　　　　　　　网络服务
客服电话：010-88361066　　机 工 官 网：www.cmpbook.com
　　　　　010-88379833　　机 工 官 博：weibo.com/cmp1952
　　　　　010-68326294　　金 书 网：www.golden-book.com
封底无防伪标均为盗版　　　机工教育服务网：www.cmpedu.com

推荐序

这几年读了不少非虚构性叙事的作品与读物，这本书自然也其中，有幸受邀为其作序，诚惶诚恐之下写下自己在阅读这本书的一些看法。

亲爱的读者们，当你听到巴甫洛夫、钱学森、钱伟长、拉马努金、费曼、哈代等人的名字是否会觉得离我们非常遥远？

事实上，当这些"学霸"因自身的科学成就被收录于教科书之上刻入人类历史之中时，仿佛都是将其送上神坛不断被人仰视，久而久之这就成了一种习惯。

然而当你真正地打开各种资料，翻看各种书籍，查阅各种文献，亲自去拨开这些"学霸"周身所环绕的迷雾和光环的时候，或许会后知后觉地发现这些曾生活在这颗蔚蓝星球上的学者们，其实并非天生如此，并非完美无缺，并非毫无缺点与遗憾。

例如，前几年被人讨论极多的爱迪生与特斯拉之间的恩怨情仇，又或者是处于第二次世界大战中的物理学家们对原子弹的研制以及关于爱因斯坦本人的国籍问题，都时常被人们津津乐道。

事实上学霸也是人，是大多数的常人，他们会为柴米油盐酱醋茶犯愁，他们会有着属于自己的生活难题，他们自身个人也会受困于他们自己所属的时代背景。

但当我翻开这本书，仔细阅读里面的内容，逐渐意识到书中出现的这些不同领域、不同国籍、不同肤色、不同遭遇与背景的"学霸"们，始终有着一种共性。

这种共性来源于他们自身对科学的追求，用我自己的理解便是，批判和怀疑、创造和探索、实践和探索、平权和团队、奉献和人文的精神。

用本书作者的话来说则是：承认世界是可以被认识的，承认从纷繁复杂的现象中抽象出的客观规律需要得到事实验证，承认自己的工作方法是对真实的无限逼近，同时也承认未知的客观存在。他们的判断，不诉诸情绪，不诉诸权威，当然更不会诉诸神秘。

我们习惯把这种原则与理念称为"科学精神"。

是的，学霸们是常人，是那些拥有科学精神的常人。是那些为了追求科学真理，不断前进、不断受挫、不断痛苦、不断纠缠、不断探索的常人们。

这些不同领域、不同国籍、不同肤色、不同遭遇与背景的常人们始终秉承着科学精神在这条道路上或独立前行，或结伴而走，或相濡以沫，或相忘江湖，或互为仇敌至死方休。

所以当这些"学霸"的名字被收录于教科书之上,被刻入于人类历史长河之中时,并非是走上神坛,而是一种常人们的传承,是对"科学精神"的传承。

不再仰望,学会继承。

毕竟学霸也是人,一群有科学精神的人。

蒙得错爱,有幸受邀撰序,纯属一家之言,若有失当之处还望诸读者一笑了之。

自 序

文/豌豆皮

《我是个科学家,我没那么了不起:学霸的非典型往事》这本书的起源,是我在 2013~2014 年间为《科学 Fans》杂志撰写的专栏,写一些科学史上男神女神们的零碎轶事以及关于这些轶事的感想。在这个世界上,并不存在我们心目中的那种"典型科学家",那种在童年励志故事里总是用同一种面孔出现的,严肃、古怪而又缺乏生活技巧的极其聪敏的家伙们。以他们的才智和热情为我们这个世界的科学与文明做出过巨大贡献的那些人,其实全都是"非典型"的、曾经真实生活在这个星球上的地球人,虽然他们的思考速度和方式可能与大多数人有所不同,但绝没有人是生下来就只为了在各种考试里跟我们过不去的。去除掉"爱因斯坦的板凳"或者"牛顿的怀表"之类杜撰故事的刻板印象之后,你会发现要成为像他们那样的人,首要的条件绝不是呆板和古怪。成为一名优秀的学霸,和成为一名优秀的任何其他行业的翘楚一样,需要的只是兴趣、才华和足够长的专注时间,在这三件主菜之外,要搭配任何的甜点,都是个人的自由。

自 序

在将专栏文章集结成册的过程中,我为本书选择的主线其实只有一条,那就是:科学家何以成为科学家。他们何以能够代表人类站在智识的前沿,举着手中的微光向未知的黑暗奋身一跃,又何以避免陷入狂信或蒙昧的深渊?科学的最前沿,不管在哪一个时代,都与未知跳着危险的贴面舞,又是什么让他们能够确信自己的脚步坚实可靠,一直向前,而不会一步踏入神秘或不可知的窠臼呢?是什么把科学和种种伪科学、准科学甚至拟科学区分开来,而科学最根本的一点又是什么呢?某种程度上,本书展现的是一种"排除法"的尝试,剥除掉传闻和轶事加诸于科学家身上的种种戏剧性和传奇性,去寻找他们真正的共同点。这些以一己之力拓宽人类认知的人们,有着不同的出身、背景和遭遇,对大自然有着不同类型的好奇心,关注不同的领域,做出不同的发现。但他们秉承的是同样的原则和理念,那就是,承认世界是可以被认识的,承认从纷繁复杂的现象中抽象出的客观规律需要得到事实验证,承认自己的工作方法是对真实的无限逼近,同时也承认未知的客观存在。他们的判断,不诉诸情绪,不诉诸权威,当然更不会诉诸神秘。

我们把这些原则和理念称之为科学精神。它是支持科学家立身于已知世界的前沿,朝未知迈步的根本,也是日常生活在"已知世界"的我们,在网络时代日益铺天盖地的信息轰炸中,寻找真实的依托。这本小书有幸出版,又有幸获得机会再版,希望它还有幸能为读者提供一点基于科学的趣味和美感,那其实是和我们普通人的经验相通的,因为——

  学霸也是人。

目　录

推荐序

自序

学习篇

上学不容易　　　　　　　　　　/ 2
史上最强退学生　　　　　　　　/ 15
墙头马上：那些跨界的大拿们　　/ 28

成名篇

出名要趁早　　　　　　　　　　/ 42
老来得"智"　　　　　　　　　　/ 54
美图秀秀下的大神们　　　　　　/ 63
匈牙利的火星人　　　　　　　　/ 76

生活篇

浮云名利方自在　　　　　　　　/ 92
有点怪癖又如何　　　　　　　　/ 106
别把天才当疯狂　　　　　　　　/ 117
绝症面前，人人平等　　　　　　/ 128

工作篇

雇主很重要	/136
要命的发现	/146
运气这回事儿	/154
工作诚可贵，健康价更高	/162
业余亦专家	/170
无心插柳的奇葩	/179

情感篇

好兄弟，一辈子	/188
科学家也有坏脾气	/195
天生吐槽狂	/203
执子之手，拉着跑走	/210
娶了科学女神的男人们	/217

社会篇

喂，对天才好点儿	/226
偏不给你颁奖	/236
断头台上的科学家	/249
漂泊地球村	/259

我是个科学家,我没那么了不起
学霸的非典型往事

学 习 篇

上学不容易

对学生来说，不管是学渣还是学霸，考试都是学习生涯必不可少的一部分。区别只是学渣往往痛恨考试（有时"恨屋及乌"，还可能连带讨厌起所有用来命名过各种定理和方程的人名），学霸则通常期待考试，因为考试稳固地为他们带来可预期的好处：自我满足、成就感和声望，甚至对某些学霸来说，考试还是他们获得奖学金的提款机呢。不过有的学霸碰巧在某些科目上兼有学渣属性，这种时候就会遇到一些"非典型"的情况，这让他们在进入大学时，颇费了一些周折。

如果现在让全国所有学生一人一票，投票选出一门科目让它从高考中消失，数学恐怕会不幸成为得票数最高的那门。它不光折腾学渣，也难为了不少学霸。不过学霸之所以是学霸呢，就是因为他们总能想出办法来。比如伊万·彼得洛维奇·巴甫洛夫（发现条件反射的那一位），就是如此。

学习篇

巴甫洛夫原本在老家念的是神学院，因为他父亲是位神父。神学院可不会好好教人数学，可是他毕业之后想进圣彼得堡大学的数学物理系攻读自然科学专业，怎么办呢？没关系，他自有妙计。巴甫洛夫先拿到了神学院的学业证明和推荐函，再去申请进入圣彼得堡大学的法学院，那会儿法学院入学不需要考数学，他的申请很顺利就通过了。到了学校注册入学，完事儿之后他又给校长卡尔·费道诺维奇·卡斯列夫阁下写了另一封言辞恳切的申请信，表示自己当初申请院系的时候考虑不周，如今觉得更喜欢自然科学，喜欢得不得了，一定要申请转去学自然科学，不能转的话简直就睡不着觉。巴甫洛夫一家子的外形都矮小结实，神情也比较庄重，巴甫洛夫还少年老成地留了一把胡子，一看他就是个头一回进大城市的乡下朴实好青年。校长大人心一软，没办法，年轻人嘛，谁年轻的时候能处处考虑周全呢？就原谅他一回好啦，于是大笔一挥，巴甫洛夫从此转入数学物理系自然科学专业，俄国的未来也就此多了一位获得诺贝尔奖的大学者。

巴甫洛夫这故事其实还有后话，因为他有两个弟弟。头一个弟弟德米特里在第二年如法炮制，也是从老家的神学院先申请法学院，再从法学院申请转去自然科学专业。校长大人一看这申请好眼熟啊，一个字都没有改，"学生经过反复考虑，决定攻读自然科学，诚恳请求校长大人批准……"难道我穿越回去年了吗？再仔细一看，这个巴甫洛夫是去年那个巴甫洛夫的弟弟。这一家子的小孩都这么容易在同一个点上"考虑不周"吗？

不得不说，校长大人还真是个好说话的人，填报志愿这种事儿难道不应该是早就想好的吗？人人都这么想换就换，那学校还能不能正常上课了？可话又说回来，要是发现自己确实不适合这专业，勉强念下去也没什么意思。圣彼得堡大学是国立大学，由国家拨款支持，那是要为国家培养人才的，能让每个学生都成才当然是校长大人的理想。于是他再次大笔一挥，德米特里也和哥哥一样，转去了自然科学专业。而且实话实说，大学在校期间，德米特里的表现比他老哥还要更好一点呢。故事进行到这里，本来应该是一段佳话。可是巴甫洛夫家第三个儿子彼得也该上大学了。于是圣彼得堡大学法学院又迎来一位新生，一个月以后，卡斯列夫校长阁下又收到一封申请："学生经过反复考虑……"

校长大人这回掀桌了：你们这家人到底是怎么回事？我是德国人！麻烦你们了解一下德国人在后世群众眼中的刻板印象！我的工作作风是很严谨的！我的学生要做什么事情一定要先严谨地思考然后再严谨地行动！年轻幼稚什么的不能成为你们这么儿戏的理由！不能批准！

所以，圣彼得堡大学法学院第三位巴甫洛夫的转系申请终于被驳回了。不过没关系，小弟弟彼得的数学恰好非常不错（所以你们该不会纯粹是为了跟校长闹着玩吧），自己成功地考了过去。于是，巴甫洛夫三兄弟在自然科学专业胜利会师，并且三位都做出了很不错的成就，特别是大哥。因为"巴甫洛夫的狗"差不多已经被课本描述为条件反射的代名词，我相信读者们一生中至少会遇到十次跟它有关的填空题，希望这段故事能助你们回答正确。

巴甫洛夫抖机灵避开了数学考试，不过勉强也算是符合程序，而且考虑到实际上在那个时代，巴甫洛夫本人的科学研究也确实没有用上太多的数学，所以不考也就不考吧。但另外还有一位，考大学的时候数、理、化三科总成绩加起来只得了 25 分，后来却成了全国首屈一指的数学家，这反差就有点儿大了——你问他是怎么考上大学的？因为他的国文和历史都是满分啊。

这位当时还是学渣的学霸姓钱——钱这个姓专出各种学霸，而且光是姓钱的学霸就有两位在考清华大学的时候考出"惨绝人寰"的数学分数。钱锺书先生不用说了，他反正是念文学院的，数学考了 15 分这种事儿对他的学业来说不造成任何障碍，反而算是一段别致的趣谈。但是这位后来成为数学家和力学家的钱伟长先生，则确实是在大学期间经过了艰苦卓绝的努力之后，才真正脱胎换骨的。

钱伟长考上清华大学是在 1931 年，那时候他快满 19 岁了，

我是个科学家，我没那么了不起
学霸的非典型往事

因为小学和中学的基础打得不好，入学的时候数、理、化、外四科基本算是不会，体检的时候各项身体素质也完全不达标——现在的读者可能很难想象一个大学一年级的男生身高只有 149 厘米，但那个时代生活艰苦，营养和锻炼都跟不上，这种情况并不罕见。清华招他的时候当然是冲着满分的国文和历史成绩㊀。但是很快就发生了"九一八"事变，钱伟长同宿舍的物理系学长于是鼓动他转去物理系，更能够报效国家。按理说在国家有难之际，愿意投身科学的人才那当然是多多益善，可是钱伟长的入学考试物理只有 5 分，而且他不会英文。当时的清华物理系是用英文课本、英文授课，没有基础要跟上进度实在是太难了。换了谁当系主任也没法答应这种转系申请，让一个因为国文和历史满分而拿到奖学金的学生去念他完全不会的物理，怎么看这都是一种严重的浪费！

可是一个人之所以能够成为学霸，就是因为他有远超常人的坚强意志力，一旦做出了决定，就会坚持到底。于是钱伟长就去跟系主任软磨硬泡，搞得人家经常没法办公，无奈

㊀ 当时的国文和历史卷子是由国学大师陈寅恪亲自出的题。陈寅恪学贯中西，通晓 20 余种语言，被称为"教授的教授"，治学之严格那是不用提的。和那套卷子比起来，哪怕是现在的高考也可以说简直充满了人道主义的光辉，所以这个满分是非常厉害的，千万不要用高考的难度来衡量。

之下双方最后约定，一年后如果钱伟长的普通化学、普通物理和高等数学三门学科全都能考上 70 分，那就同意他转到物理系。

接下来就是地狱式的恶补时间。在一年的时间里，要从几乎零基础飞跃到合格的大学一年级学生水平（别忘了那是清华），这难度虽然跟在 60 年时间里从一个一穷二白的半殖民地半封建农业国家飞跃到制造业世界第一的工业化国家不能比，但也绝对是没几个人能够办到的。钱伟长做这件事的时候绝不轻松，清华那时候每周都有小考，他前面连续七周都考得惨不忍睹，但他一直坚持努力，逐渐摸索到学习规律之后突飞猛进，一年之后不但数理化成绩及格，体育成绩也上来了，参加全校越野赛跑比赛居然拿到了第八名。当时和钱伟长一样申请转去物理系的学生共有五个，其他四位的基础毫无疑问都比他好，但最后只有他一个人完成了学业，而且以优异的成绩毕业，随后的故事也就不用说了。只能说，是学霸，就总会发光的。

另外，还得指出的一点是，以上两位非典型学霸，对数学不擅长都是因为他们此前没有太多学习这门学科的机会。巴甫洛夫是神学院出身，钱伟长从小受的是严格的国学教育。一旦他们有机会接触到这门学科，都很快达到了需要的程度。所以，把当年的数学低分和现在的数学低分相类比是很不公平的，也不应该把这类学霸的存在当作"数学无用论"的证据。这就跟因为程砚秋㊀在倒嗓后开创了"程派",就认为嗓子对京剧演员不重要一样,这些都是严重的归因错误。数学不但很重要,它还在很大程度上改变着我们的生活,甚至可以说,没有数学的发展,就没有现代的科技文明。随便从哪本书中揪出一位学霸来问,他都一定会同意我刚才这句话的。

当然,对科学家学霸,特别是世界级的那些来说,数学一般没那么可怕。数学确实偶尔会变成绊脚石,但那是在探索与发现的过程中寻找新的趁手的数学工具的时候。比如海森堡就曾经用绝望的口气对朋友说:"矩阵!我连什么是矩阵都不知道!"可这并不妨碍人家学会之后用矩阵表示出了量子力学理论。爱因斯坦也是费了好大劲,多亏了好朋友格罗斯曼㊁的帮助才搞定了黎曼几何,要不根本不可能提出广义相对论。但是,

---

㊀ 史上头一个嗓子坏了还能开宗立派的京剧表演艺术家,"四大名旦"之一,青衣"程派"创始人,你但凡在电视里看到一个穿着素净的旦角儿八风不动地在舞台中间一站,两只手一上一下在腹部前方一摆,这俗称的"抱肚子青衣"多半就是学"程派"的。程砚秋同时也是史上头一个大块头名旦,绝对不以身段取胜。

㊁ 瑞士数学家。虽然他专攻数学,但其研究的黎曼几何为爱因斯坦的广义相对论的发展提供了重要的一个步骤。相对论研究者们为了彰显格罗斯曼对物理学的贡献,每三年都会举办一次马塞尔·格罗斯曼会议。

这是站在研究最前沿,与新的未知搏斗时,才发现自己的"武器库"不够用,需要新的、更强大的数学工具,而像考试中会出现的数学,是常规的数学工具,那必须是不在话下的。没听说哪位"大牛"数学考试不及格的,他们一般都是挂在历史和语文上,比如爱因斯坦头一回报考大学的时候就是因为这两门考得不好,没能通过。这里得替爱因斯坦澄清一下,他似乎因为"小板凳"之类的故事㊀有着好像是智力上的丑小鸭的形象。这是个挺大的误会,其实爱因斯坦从小到大功课一直都很好,绝对是名列前茅那一派的。他这次报考大学失败,主要是因为他讨厌父亲那个"要学就学个有实际作用的专业"的最高指示,压根儿没好好复习,而且还在考试之前跑去旅游了。在风光秀丽的北意大利旅游想必是很爽,不过结果一点都不爽——他毫无意外地栽在了法语和历史上,就算"青梅竹马"的好大哥格罗斯曼特地把笔记借给他也没起作用。不过他那个时候才16岁,高中都还没毕业,第二年经过一通填鸭式的恶补,很顺利就入学了。2020年,诺贝尔奖官方还公布了爱因斯坦高中毕业时的成绩单,其中代数、几何、投影几何、物理和历史都是6分(满分),德语、意大利语、自然历史和化学得了5分,地

㊀ 简单来说就是爱因斯坦在小学劳作课上,交出一个不怎么令老师满意的成果的故事。这个成果就是在爱因斯坦重做了两次之后,外形仍然有些粗糙丑陋的小板凳。

理、绘画、工业绘图也有 4 分，只有法语"依然故我"，还是 3 分，总的来说，算得上是文理兼优了。

话说回来，进了大学也不是就能高枕无忧躺到毕业了，要小心的"坑"也还不少。首先，不是每个人都恰好能念到自己喜欢的专业。比如爱因斯坦被老爸逼着去念师范专业，心里那叫一个不情愿，而且他也经常被教授嫌弃，以至于毕业之后很久都找不到工作，不得不在报纸上打广告给人补习。倘若有谁穿越回到那个年代的苏黎世，可得认真留意一下报纸，爱因斯坦这位大学霸一辈子也就这么一回主动把自己的名字印在报纸上，机会不可错过呢。

其次，并不是进了大学就不考试了，大学里有的考试奇特着呢。比如剑桥那个有名的 Tripos 数学考试，在过去几百年里有好长一段时间都是应试教育的典范，完全只能靠题海战术来对付。新生们入学之后必须接受填鸭式的考试培训，学院里有专门负责给新生培训的教授，堂堂三一学院搞得像是一个超大型的高考工厂。但是 Tripos 优等是一件特别特别重要的事儿，要是一个人能拿到优等前十，那绝对是可以刻到墓碑上的成就，所以没人敢不认真对待，再讨厌它也得老老实实拼命去考。这其实是牛顿当初跟欧洲大陆的数学家们掐架的后遗症，两边的数学界差不多有两百年都老死不相往来，英国的数学一直没有新发展，只好搞这种僵化的应试教育，直到进入 20 世纪之后才得以改革。所以被这个考试虐过的学霸名单，那真是太长了，我都不忍心念叨。Tripos 考试还有一个诡异之处是几百年算下来，第二名的成就总体来说比第一名高多了。要看一个学霸算不算得上是真学霸，对我们普通人来说，最简单的判别标准是他的名字有没有上中学教科书。按照这个标准，Tripos 的榜眼们随便一算就有麦克斯韦、J. J. 汤姆孙、开尔文等好几位，而状元们……嗯，利特尔伍德⊖你们认识吗？

最后，要拿到学位，那也得从考试里一路杀出来啊。海森堡的博士口试就被考官刁难得差点没过——平心而论，海森堡稍微有点儿"咎由自取"，因为他上学的时候对实验课实在是太不上心了，实验课上最经常做的事儿就是跟师兄泡利聊天儿。泡利可绝对不是个靠谱的实验搭档，相反，他被所有实验室列为拒绝往来的对象，属于碰啥啥爆炸、沾啥啥倒霉的超级"大祥瑞"⊖，所以这两位上实验课一般都比较乱来。据说有一次实验课是测定音叉频率，两个人一如既往地在实验室瞎聊，聊着

⊖ 英国数学家，他的大部分工作都是在数学分析领域中，不学相关专业课程的普通人很难听说过他。利特伍尔德和后面会讲到的高德菲·哈罗德·哈代是长期的合作伙伴。不过这位的名气和成就都不如哈代，还曾经被人吐槽说"什么？真的有利特尔伍德这么个人？我还以为那是哈代用来发表不那么满意的文章的笔名呢"。

⊖ 可怕的"泡利效应"是为数不多的被科学家们津津乐道的非科学"效应"之一，我们后面会专门讲到。

我是个科学家，我没那么了不起
学霸的非典型往事

聊着眼看时间快到了才开始发慌。幸好海森堡有着深厚的古典音乐功底，弹得一手好钢琴，跟柯南一样有着传说中的"绝对音感"，能够直接听出一个音的音高，匆忙间用耳朵测定了音叉频率交上去充数——他们的实验老师是威尔海姆·维恩[一]，这老头儿记性好着呢，什么都看在眼里。这回博士口试刚好犯他手里，于是张口专问各种实验问题，海森堡顿时被问得期期艾艾，溃不成军。幸好他最后还是平安地低空通过，在"优、良、佳、可"四个等级里得到了刚刚及格的"可"，沮丧得连导师索末菲特地为他安排的庆祝舞会都没参加，直接灰溜溜地回去了。

关于这次不太成功的口试，还有一段有意思的后话：博士口试时，维恩教授的其中一个提问是关于光学仪器的分辨能力问题，因为波长越小，仪器的分辨率越大，而光的波长并不是无限小的。海森堡当时没答好这个问题，但给他留下了很深的印象，在后来时机成熟的时候，这个问题重新回到脑海，波长与分辨率的这个联系，最终提示他发现了著名的"不确定性原理"。

你看，对一名真正的学霸来说，哪怕是考砸了，也能从中寻找到有意义的地方。

一般来说，对自己选择的心爱专业，学霸们都是非常上心

[一] "维恩公式"的那一位，早在海森堡和泡利还是小屁孩的时候就拿了诺贝尔奖。

的。不过当涉及选修课的时候,事情就比较复杂了。因为大学终究不只是为了培养最少数的精英而存在的,它的一个更为重要的任务是为社会培养尽可能多的能够胜任各种职位的人才,而这就需要大学生选修一些非自己专业的课程来开阔视野。通常的做法是文科生选修一些科学课程,而理科生选修一些历史、艺术或社会学的课程。整体而言这当然是件好事,但对某些特别的个体而言,就不见得是那么回事了,比如理查德·费曼。他在麻省理工学院念本科的时候不幸选了哲学选修课(一定得声明一下,这只是费曼先生个人与哲学课不大契合,千万不要因为个案而对哲学这个学科有什么成见),然后一整个学期下来,他沮丧地发现,哲学课上教授讲的话,他基本上一句都没有听清过。

这倒也不能全怪费曼,因为这位教授讲话时永远只在喉咙里发出咕噜噜的声音,哪怕是一位哲学词汇全盘精通的学生,要听清也不容易。而且英语跟汉语不一样,说起话来隔行如隔山,换个专业很容易立马变文盲,单词认识我,但我不认识它。总之,费曼在哲学课上完全没学到啥东西,但是最后的期末论文是必须要交的,而且作为一个靠奖学金吃饭的穷人,他还非得拿到个好成绩不可。身为一个"死理性宅",费曼研究了半天课本和同学的笔记,得出结论认为这门课的精髓在于能洋洋洒洒地"扯"。他甚至在课程最后把论文变成了一个科学实验,打算研究入睡的时候意识是怎么关闭的。这实验我想大概没人会不喜欢：每天中午和晚上，回到宿舍安静地躺下来准备入睡，同时尽量注意到意识里发生了些什么事儿。于是，一篇论文成功出炉，但"死理性宅"实在觉得没把握，于是在这篇绝望的论文最后又加了几行看起来像是诗的内容，帮助自己"垂死挣扎"一下：

> 我想知道这是为什么。我想知道这是为什么。
> 我想知道为什么我想知道这是为什么。
> 我想知道究竟为什么我非要知道，
> 我为什么想知道这是为什么！

必须承认，哲学可真是一个奇妙的学科啊，费曼因为这篇论文最后得了"A"，并且还获得了教授大人的垂青，这篇论文在课堂上被当作范文朗读。但作者本人坐在下面，依旧一个字都没听清，到最后发觉教授那个"唔……唔……哇……哇"的节奏好像是在念诗，才意识到"哎呀，莫非刚才念的是我的论文？"从此费曼对哲学这门学科印象不佳，以至于后来他家公子上大学想选哲学系的时候闹了好大一场别扭，直到孩子改选了计算机科学他才回嗔作喜。这是后话。

不过至少他的奖学金是保住了。可喜可贺，可喜可贺呀。

史上最强退学生

前面的各位学霸经历了这样那样考砸了的郁闷,不过好歹总算是上成了大学,顺利毕业了。但是还有些老兄更倒霉,人人都知道他们是天才,可这些天才就是拿不到学位(前面提到的陈寅恪先生在求学时代也没有拿学位,不过人家不稀罕,那就另当别论了)。这其中最有名的例子大概应该是数学家斯里瓦尼萨·拉马努金·耶恩伽尔先生。一听这名字你就该知道,他是位印度人。更确切地说,他是"全印度引以为荣的那个人"。

要说印度人应该也是非常擅长考试的,按照如今普遍对留学生的刻板印象,在各种考试里分数能够比中国学生还要高的,也就只有印度学生了。然而,拉马努金是印度人中的另类,他非常不擅长考试,不管怎么样就是没办法把学位考下来,他前后待过的每一个学院,最后都让他退了学。原因嘛,当然是他除了数学之外,其他科目全都不及格啦。

我是个科学家,我没那么了不起
学霸的非典型往事

别误会,拉马努金并不是那种"白痴天才",他要想认真学习什么的话,是一定能学得非常好的。至少他学业的开头和我们熟悉的天才模式别无二致,一路名列前茅地拿着奖学金升上来。这个原本每一科都很棒的模范学生的命运是因为一本书开始改变的:在即将中学毕业的时候,拉马努金拿到了一本书,书名是《纯粹数学与应用数学基本结果汇编》,作者是一位平平无奇的数学家乔治·舒布里奇·卡尔,假如不是被拉马努金读到,这本书和这个作者,可能都没人会记得。

但现在不一样了。

多说一句,其实一本好书真的能影响人的一生,上一节讲到的巴甫洛夫之所以会把生理学作为自己毕生的研究方向,是因为他小时候在父亲的书架上读到一本《日常生活中的生理学》。后来他的办公室不管搬到哪里,书桌上永远摆着这本书,不许任何人挪动。另一个例子是比利时化学家、物理学家普利高津,17岁那会儿他立志要从事法律事业,去图书馆寻找有关犯罪心理学的书籍,结果找到的第一本书是研究大脑化学组成的,从此他就再也没关心过法律,最后凭借"对非平衡态热力学的贡献,特别是提出了耗散结构的理论"拿到了诺贝尔化学奖。所以,假如你需要送朋友礼物,又一时决定不了应该送什么的时候,就送本书吧。

回头再说说这本《纯粹数学与应用数学基本结果汇编》。它其实是本很奇特的数学书，最奇特的地方就是作为一本数学书，它真的只是"结果汇编"，哗啦啦罗列了五千多个定理和公式，基本不带什么像样的证明。这直接导致了拉马努金一直觉得证明不重要，甚至不知道怎么写出有说服力的证明。但是他却从此一头扎进了数学里面。多有趣啊，这么多公式，它们可以推出那么多的结论，有那么多的变形，彼此之间遵从那么复杂又精巧的变化规则，踏着它们搭成的阶梯，可以通往那么远又那么美的地方。

他纯粹是被数学的形式美迷住了，忍不住就跟数字们玩了起来。

拉马努金可能是最后一位执着于发现和发展这种形式美的大师，特别是各种无穷级数，在他手里简直像变魔术一般翻出各种美妙的花样来。不过他在 17 岁的时候还没修炼成功，只是自顾自埋头猛读着一切能找到的与数学相关的东西，不管是在什么课上。其他那些需要念的学科——罗马史、希腊史、英语、生理学，统统被他抛到了脑后。很显然，这对成绩一点儿帮助都没有，他的考试分数就像坐过山车一样"咻"地坠入谷底。这是绝对不行的，因为他家非常穷困，非常需要那点奖学金，而且必须有奖学金资格才能免学费，必须免学费他才能继续念书，拿到学位，才能找一份体面工作。但是当一个人真正有了什么狂热爱好的时候是没有办法自我克制的。对拉马努金来说，

> 我是个科学家，我没那么了不起
> **学霸的非典型往事**

跟数字和公式的玩耍实在太有趣了，他根本停不下来。勉强自己努力了几个月，总算没有因为旷课而被退学，但还是没能通过马德拉斯大学的学位考试。

这里有一个容易误会的地方："马德拉斯大学"不是一所大学，它没有校舍、教授和课程，而是一个专门负责资格考试的机构，学生们在各个学院学习之后，必须通过这个机构主办的考试，才能拿到学位。比如拉马努金当时需要考的，就是一个文科一等学位㊀。印度那个时候还是英国的殖民地，它的高等教育可不是为了替印度培养有创造力的精英天才，而是为了培训出各种有能力的务实人才。这种教育制度刚好戳到了拉马努金的死穴，他在第一间学院没能过关之后，又去了另一间学院，前后一共考了三次，结果都惨不忍睹，只好退学。

说实话，当时的这个学位确实也是竞争非常激烈的，每年报考的学生中只有百分之十几的人能够通过，跟如今的大学毕业难度完全不同。但拉马努金可不是百里挑一的人啊，用万里挑一都不足以形容他，他是印度这个有着悠久数学历史和辉煌数学传统的国度在最近一千年里最了不起的数学天才，身后留下的笔记本里差不多每一页都足够一个优秀的职业数学家忙上

㊀ 这里的"文科"跟现在我们通常说的文科不太一样，那时候没有"理科"，大学毕业都是文科，拉马努金后来在剑桥拿的也是文学学位。

好一阵，发表至少好几页的论文。后世不知道有多少数学系的学生用与这几本笔记里相关的题目拿到了学位，但是笔记本的作者本人，在当时却一直因为没有学位，而找不到一份合适的工作。

其实著名的拉马努金笔记，原本是拉马努金在到处奔波找工作的时候，做自我介绍用的："您看，虽然我没有拿到学位，但是我接受的教育还是很不错的，我还研究数学，一定可以把这份工作做好……"

唉，我知道看到这里一定有看官会问了：这笔记本这么犀利，按理说拉马努金只要把它拿给数学家们一看，不就立刻证明自己了吗？数学界是最不需要背景和人脉的地方了，一个年轻的名不见经传的数学家想要出人头地，不都是只需要给当时最出名的数学家写封信就可以了吗？

道理确实是这样，不过也有例外。比如高斯就把阿贝尔寄来的论文扔到了一边，因为"这个成果我 20 年前就做出来了，只不过没有发表而已"。而拉马努金的情况又有不同，他最大的麻烦是，很少有人看得懂他写的东西啊！

别人看不懂拉马努金的笔记本，原因有两方面。一方面，如我们所知，拉马努金是个天才。天才写东西嘛，一跳十几步那是常事，他自己倒是迅速冲到目的地了，才不管别人在背后有没有跟上呢。而且他受那本《纯粹数学与应用数学基本结果

我是个科学家，我没那么了不起
学霸的非典型往事

汇编》的影响太深，完全没意识到提出一个新定理是需要证明的。在拉马努金看来，他找到了一个新东西，这个东西很美，这就够了啊。我报告说我看到了一朵超美的花，把这朵花画给你们看，你们自己去找不就行了吗，为啥非得要我把山路也画出来呢？画出来也就罢了，为啥你们还嫌中间隔着山崖呢？那不是一步就能跨过去的事儿吗？至于只有他才能隔着好几个山头一眼看见一朵花，别人放眼望去多半只能看到一片石头，必须得一点儿一点儿地搜寻这种事儿；还有在科学共同体的世界里，一朵花除非有一条大家都能走过的路通向它，否则就不被相信真的存在。这些事儿，他压根儿是既不知道，也不能理解的，当然也就更不会去顾及这些需要了。

另一方面，拉马努金不但是个天才，而且是个异常孤独的天才。在整整5年时间里，他没有跟真正的数学界沟通过，所以他使用的数学语言和符号都是自己原创的，而且对其他数学家的工作几乎一点儿也不知道。所以假设你是一个数学家，假设有这么一个衣衫褴褛的青年拿着一个笔迹工整但孩子气的本子来找你，你先一看，满眼都是不认识的奇怪符号；再一看，好像是一堆公式，可是为啥没有证明呢？最后好不容易看明白一个，唉，这不是那谁100年前做的工作吗？你这是在忽悠我？

这要换了你在街上走着，忽然有个老头说你骨骼清奇，非要给你一本如来神掌的秘籍，哪怕人家不收你钱，你也会马上走开，对他不搭不理吧！

所以，能从拉马努金的自荐信里发现他的才华，然后就雷厉风行地把他弄去英国，让他当上皇家学会会员和剑桥大学研究员的 G. H. 哈代，可真是太了不起了。

嗯，哈代的故事我们后面会专门讲。这位的了不起之处其实也不用我多说，只有一句话：他是改变 20 世纪英国数学面貌的男人。在数学方面，哈代说话是一言九鼎的，这回谁也不怀疑拉马努金的天赋了，不过还得等到拉马努金的老妈做了个神谕的梦他才能动身去剑桥——他家的种姓是婆罗门，而按照当时印度国内的社会规则，婆罗门是不能出国的，到海外受过"污染"的婆罗门再回国会让人看不起，亲戚朋友都会拒绝跟他来往。哈代千算万算，搞定了资格也搞定了资助，甚至还搞定了拉马努金最怕的考试（最初拉马努金一听说要带他去剑桥，立马心如死灰：剑桥的入学考试我必败无疑啊!），却怎么也没算到有这么一出，所以这事儿拖了好几年。好在好事多磨，拉马努金终于还是成行了。这一对数学工作狂碰面之后那可真是金风玉露一相逢——拉马努金不是不会写论文吗？没关系，哈代的文字水平绝对是第一流的；拉马努金不是不知道什么叫证明吗？没关系，哈代的严密性也绝对是第一流的；拉马努金不是经常不知道哪些工作别人已经做过、哪些工作还需要完成吗？没关系，哈代的渊博当然也是第一流的。最重要的一点是，哈

我是个科学家,我没那么了不起
学霸的非典型往事

代是一个异常诚实的人,他绝不会以任何形式来掠人之美,即便是对这个异常天真的异乡人也是如此。什么叫珠联璧合?这就叫珠联璧合啊!

两个人的合作产出了丰硕的成果,而且还让拉马努金获得了他梦寐以求的本科学位㊀。那几年拉马努金除了必须自己做饭之外过得可真是心满意足——婆罗门对食物有严格的要求,所以拉马努金是个彻底的素食者,食堂的饭菜不符合条件,何况英国的饭菜那是有口皆碑的不以美味著称啊。结果因为"一战"期间的营养不良加之工作过度,拉马努金的身体出现问题,以致他肺结核发作进了疗养院。在疗养院里一来是因为英国厨子的厨艺实在很难符合外国人的口味,二来是因为战争期间食物供给不足,三来则是因为拉马努金不但作为一个婆罗门有需要遵守的各种饮食禁令,他还暴露了任性又天真的特点,即便是在这样的困难年代,还在已经遵循禁令的范围内挑起食来。这也算是一个蹩脚厨子引发的半个血案吧,反正这营养不良的情况从此就没有得到改善。至于工作过度,在疗养院里这对师徒也还不安分呢,拉马努金经常写信报告说,"发现浴室明亮又暖和,可以工作,每天在浴室待一个钟头,在医生警告洗澡不要

㊀ 其实哈代是以研究生的身份把拉马努金弄进剑桥的,可是拉马努金对学位这回事儿真的已经耿耿于怀太久了,所以还是让他跟着剑桥的本科生一起凑热闹毕了业。

太久之前应该可以解决您上封信的问题"之类的话。当时对肺结核的处理方式就是清淡饮食加流动空气,房间里那是不给生火的,小伙子睡凉炕,还吃得不好,身体搞得越来越坏也就不奇怪了。

关于这对师徒最有名的"的士数"逸事也是在疗养院里发生的:做数论的数学家们的一大特性是对各种数字随随便便就能玩出花儿来,有次哈代从剑桥去疗养院探望拉马努金,他们聊天就拿这个当话题:"我今天乘坐的出租车,牌号是1729,这个数没什么意思。""不会啊,"拉马努金应声答,"这数多有趣啊。可以用两个立方之和来表达,而且在所有具备两种表达方式的数之中,1729是最小的。"

$1729 = 1^3 + 12^3 = 9^3 + 10^3$,这类数后来因为这段故事而被称为"的士数"。固然我们知道拉马努金把他的每一秒钟都花在和数字玩耍上,但熟悉到这个程度也真是骇人听闻。当然,1729这个数的奇妙特性并不是拉马努金在这寥寥几句对话间顿悟的,后来人们发现,其实在几年前他就发现了这一点,记在了他的笔记上。不过这故事依然太过戏剧化,要不是哈代是个从不打诳语的绝世君子,可能没多少人会信以为真。

另一个故事则不是出自哈代之口,它反映的是拉马努金对连分数的无比熟悉。有一次他在自己的小房间里做饭招待一个朋友,炒菜的时候朋友从杂志上看到一道题,决定用来考考他。

我是个科学家,我没那么了不起
学霸的非典型往事

题目是这样的:

一位先生到一个陌生的镇子上去看朋友,他只知道自己的朋友住在一条长街上,他家这一侧的门牌号码是从 1 开始的自然数,而他朋友家门口左边的门牌号码加起来恰好和右边的所有门牌号码加起来相等。长街这一侧的住户至少有 50 家,不超过 500 家。那么,这位先生的朋友家门牌号是多少呢?

题目本身并不难,稍微动一下脑筋就能知道这条街上有 288 户人家,而朋友的门牌号码是 204 号。如果没有"住户的数目大于 50 而小于 500"这个限制,答案则要多得多。比如要是街上一共只有 8 户人,题目里朋友的门牌号就该是 6 号,这样 1 + 2 + 3 + 4 + 5 = 7 + 8。拉马努金一边炒菜一边口述了一个连分数,这个分数的分母是一个数加上另一个分数,而这另一个分数的分母又是一个数加上第三个分数……正好就把这类问题的通解表示了出来。在被追问"到底是怎么得到这个答案"的时候,拉马努金显得非常困惑,思考如何回答的时间比解题用的时间还要长,但最终还是只能做出这样的回答:

"我一听这个问题就明白,解必须是一个连分数。然后我就想,是哪一个连分数呢?答案就来了。"

"答案就来了",这种敏锐的直觉无疑是举世罕有的珍稀天赋。在拉马努金去世多年以后,哈代设计了一种用来评价数学天赋的评分表。他给自己打了 25 分，给他多年的合作伙伴利特尔伍德打了 30 分，给伟大的希尔伯特打了 80 分，而在这个表上，他给拉马努金的分数是完美的 100 分。他确信自己一生中做出的最重要的成就，就是发现了拉马努金。

比起为贫穷所困，又没能好好接受正规教育而"被退学"的拉马努金，另一位学霸大学上得一帆风顺，却偏偏要选择辍学，这就非常让人意外了。这一位学霸的大名人尽皆知，但要是我不说，多半你不会知道——埃德蒙·哈雷，头一个计算出哈雷彗星轨道的这一位，其实也是个辍学生呢。

哈雷出身于殷实的富商家庭，家里做盐和肥皂的生意。那个时候的盐商和肥皂商都是要特许证的，可见是个财源滚滚的行当。哈雷他爹给他每年 300 英镑的年金，那会儿的英镑是硬通货，1 英镑的购买力相当于 1 磅白银，300 英镑绝对算是一笔巨款㊀。《傲慢与偏见》里的达西先生能岁入一万英镑，基本和如今的流行小说里霸道总裁男主角的设定差不多。当然两者文学价值大相径庭，这个按下不表。

总之，哈雷无忧无虑地成长，在 17 岁那年顺利进入了牛津大学，据说他当时就已经是一位天文学专家，收集了一大堆（由他老爸付账的）天文仪器。在牛津的日子里，哈雷一边在皇

㊀ 当时普通小职员一年收入大概不到 20 英镑，英国政府年收入 200 万英镑上下。

我是个科学家,我没那么了不起
学霸的非典型往事

后学院念书,一边在格林威治跟着首任皇家天文学家约翰·弗拉姆斯蒂德干活儿,顺便发表了一些关于太阳系和太阳黑子的论文。眼见学位信手拈来,谁知他念到最后一年的时候忽然毕业考试也不参加了,学位也不要了,坐着船跑去南大西洋上的圣赫勒拿岛⊖,打算在那里观测南天的恒星,编一部南天星表。

关于哈雷为什么突然要辍学,这真是一个未解之谜,有待于后世的穿越者找机会回去亲自问他本人。总之呢,他就在圣赫勒拿岛上建了一座天文台,里面有一架 24 英寸(约合 61cm)口径的望远镜。这次倒不是全花家里的钱,据说当时的国王查理二世有资助,反正这事儿是得到他许可的。这位国王陛下还亲自写了封介绍信给东印度公司,请他们给哈雷搭船提供方便。

圣赫勒拿岛是一个气候温和的热带小岛,哈雷在这里待了一年半,记录下三百多颗南天恒星,顺便观测了 1677 年的水星凌日,论证了一下如何利用水星凌日来测算地球与太阳之间的距离,再把下一次凌日的时间(1761 年)预测出来。然后他带着完成的南天星表回国,回去就被国王陛下御赐了牛津的(当然也是文学)硕士学位,22 岁就当选了皇家学会会员。由此看来,对于学霸来说,辍学怕什么?只要能拿出真材实料的成果来,辍学那就叫"节省时间的最佳手段"!

⊖ 大不列颠的海外领土,位于南大西洋,日后拿破仑皇帝陛下被流放的地方。

没错，哈雷这一辈子干的活儿类型之丰富、成果之卓著，基本上可以用"多快好省、力争上游"八个字来形容。他当然首先是位天文学家，因为南天星表而被称为"南天的第谷"，发现了恒星的自行㊀和月球运动的长期加速，哈雷彗星更是唯一的一颗不是以发现者的名字来命名的彗星㊁；他也是位数学家，率先基于统计学来估计了居民的平均寿命，开了保险业的先河，算得上是保险行当的祖师爷；他还是位地理学家，带着一支探险队从南纬 52°一直航行到北纬 52°，探测出了地球磁场的变化；他更是位气象学家，研究过信风和季风，发现了气压和海拔高度之间的关系。在 50 岁的时候哈雷还学会了阿拉伯语，把阿拉伯人留存的一些古希腊著作译为英文，顺便得了个法学博士的荣誉学位。这多姿多彩的一系列学术成就，认真追溯起来，都是从 20 岁时的那一次辍学开始的。而后世辍学创业的诸位名人，从比尔·盖茨到乔布斯再到扎克伯格，深究其辍学的原因，无疑都跟哈雷一脉相承——

嗯，省时间。

㊀ 由于银河系里的恒星都在围绕银心运动，因此我们能从地球上观察到恒星相对于太阳的移动，这就是恒星的自行。

㊁ 因为是哈雷最先估算出这颗彗星的周期，为了纪念他的工作，哈雷彗星就以他的名字来命名。

墙头马上：那些跨界的大拿们

人们常喜欢说一句话：兴趣是最好的老师。这句话当然是非常有道理的，原因大概有两个方面：一方面，人们对有兴趣的事情会很自然地付出更多努力而不觉得辛苦，也就更不容易放弃；另一方面，兴趣这东西也不是天上掉下来的，一般而言建立兴趣的过程都是心理上所谓"正反馈"的过程，也就是说，接触到一个东西，在尝试的过程中不断得到鼓励和成就感，才能真正建立起稳固的兴趣。人类的大脑是非常讨厌挫败感的，因为这很可能意味着精力和时间的浪费，我们的祖先在漫长的进化中早已知道了这一点，因为那些把时间花在自己不擅长事务上的远古先辈更容易被自然选择淘汰。所以，如果你会对一门学科自然地产生兴趣，那多半说明你确实比较擅长它，别犹豫，就抓住它一直喜欢下去吧。

对学霸们而言，这种一上手就令人愉快且迷恋的感觉当然更为明显。但他们常常也会面临另一个问题：过人的才智让他们有着更多的兴趣方向和更多的选择，那么到底应该选择哪个专业，就很令人烦恼了。万一选择错误，本来这世上可以多一位开创时代的天才，结果只出现了一个还不错的专家，那不是对不起全人类吗？

只要稍微想一想，弗里德里希·高斯差点儿跑去当了个语言学家，就让人觉得不寒而栗对不对？幸好人的一辈子很长，而专业这东西——嘿嘿，可以换嘛。

要说辗转多个专业的大拿们，不妨从1950年的诺贝尔文学奖说起。那一年的诺贝尔文学奖颁给了伯特兰·罗素，他是一位数学家，《数学原理》的作者之一，对20世纪的数学基础产生了重大的影响——

等一下，诺贝尔文学奖颁给了一位数学家，听起来是不是有点儿别扭？

那要是我再告诉你，他最畅销的一本书是《西方哲学史》呢？

罗素擅长许多领域，而他最擅长的一件事就是发表意见。有史以来，可能再没有哪位思想家会像这位第三代罗素伯爵一样，在半个多世纪的漫长时间里，一直不停地、全方位多层次地，有时甚至还前后矛盾地向全人类提供各种孜孜不倦的告诫了。他写作的领域简直包罗万象，起码出过68种著作，甚至曾

学霸的非典型往事

经在报纸上写过"唇膏用法"和"如何选择雪茄"之类的专栏文章。从诺贝尔奖创立以来，要是说有哪位文学奖得主的码字数量能和如今的网文大神相比，我看也就只有这一位了。

至于罗素为什么这么高效、这么渊博？为什么没有他不会写的事儿？这首先是因为他确实很聪明，想想如果没有超凡的智力，怎么干得了他这活儿？其次嘛，就是他特别喜欢领稿费的感觉。喜欢到什么程度呢？他随身有个小本子，上面记着自己领到的每一笔稿费。每当心情不好，或者工作不顺利的时候，就掏出本子来一笔笔清点，翻阅过一遍之后立刻可以抖擞精神，重新投入高效工作中，屡试不爽。

当然，要我说，倘若列位看官从故纸堆里翻出罗素写的"唇膏用法"专栏，建议还是不要照做为佳。因为他终究还是地球人类（火星人的故事我们后面会专门说），虽然在文章里表现得冷静睿智无所不知，但我确实怀疑他在处理日常事务上的常识，他可并不是没有"囧"事儿流传呢。

比如说，作为一个英国贵族，罗素当然是很喜欢喝茶的。但是他完全不会泡茶，每次太太一出门，这位伯爵大人就没茶喝啦。为了这事儿他们不是没想办法，比如太太出门前会在厨房里留下纸条，详细写明泡茶的工序，从"首先，把装好水的壶放到炉灶上……"写起。可是罗素先生超强的学习能力就不是用来针对具体烦琐的现实事务的，他一贯只对抽象智力无比酷爱。所以等太太回家,看到的厨房一般有两种情况,一种是惨不忍睹,另一种是压根儿没用过。那她会选哪一种还用说吗?还是让思想家留在思想里吧。

罗素一开始是以数学家的身份出道的,导师是怀特海。说起来这师徒俩可也真是有缘分:罗素在三一学院的时候应考数学奖学金㊀,怀特海是主考官之一。罗素自己后来承认,当时他并没有多么热爱数学,只是受到了一些特别擅长考试的老师的培训。他考得不错,但是当时还有另外一位考生成绩更好,按理说应该录取那一位,可不知道为什么,怀特海就是觉得罗素合眼缘,跟他一起做研究一定挺有意思,必须把这个小子弄到手!于是怀特海干了件你一定想不到的事儿:他把成绩更好的那位同学的成绩单悄悄烧掉了!于是,罗素被怀特海收入麾下,师徒两人确实合作愉快,做了不少有意义的工作,从数学到逻辑学再到哲学。至于被淘汰的那一位……只能说,人生在世,有时的确是要靠运气的。

反过来,念完人文学科再转型变成科学家的学霸其实更多,不过这种转型就绝不是无缝切换了,而且有时还会不幸沦为后人阴谋论的段子。一个例子是路易·德布罗意,老是有人把他当成是没受过严格训练的"民间科学家"典范。传说他的博士

㊀ 靠奖学金上学的学霸是很多的,即使在英国也并不是只有"富二代"才搞科学。

我是个科学家，我没那么了不起
学霸的非典型往事

论文只有区区几页纸，里面基本没涉及数学，然后还由此得到了诺贝尔奖——别开玩笑了，这根本不是真的，不要因为人家是个学历史出身的"富二代"公子哥儿就觉得人家数学一定不好成吗？

说起这位第七代德布罗意公爵殿下，那就是天资太过聪明，可选择的范围又太大，以至于一开始没能发现自己真正兴趣所在的典型了。他大学入学念的是中世纪史，后来又转去学法律，快毕业了才发现，哎呀，我的真爱原来是理论物理啊。

让德布罗意发现自己真爱的功臣是两本书：大数学家庞加莱[一]写的《科学和假设》与《科学的价值》。自从读完这两部巨著之后，他就开始学习理论物理——对他来说这很方便，他哥哥就是位物理学家，后来两兄弟合作写了好几篇论文。不过这时候第一次世界大战爆发了，身为贵族那是一定要上战场的[二]，所以他一直到战后的 1919 年才开始进博士班去念理论物理。念得确实有点儿悠然，花了整整 5 年才完成论文，而且这篇论文

[一] 这一位学霸对数学、数学物理和天体力学做出了许许多多创造性的基础性贡献，被公认为是 19 世纪和 20 世纪初的领袖数学家，是继高斯之后对于数学及其应用具有全面知识的最后一个人，是"最后的数学通才"。

[二] 这是因为欧洲的贵族本来就是军事贵族，他们的地位来自战争，平民跟打仗才没有关系呢。

一写完，他作为一个物理学家的创造力好像也就告罄了。不过这篇论文可了不得，它的题目是《量子理论研究》，任何一位读者都一定会在考试里遇到他提出的观点，那就是物质的"波粒二象性"。不过和传闻不同，这篇论文内容其实非常扎实，足有70多页，里面涉及了一大堆复杂的数学内容，区区几页纸的那是答辩摘要。德布罗意的导师保罗·朗之万是当时法国的头号物理学家，他拿着这篇论文看来看去都没什么把握，无法给出评价，只好寄给爱因斯坦寻求帮助，爱因斯坦读完之后立马就把德布罗意推荐去了柏林科学院。在那时候，德国是物理学的中心和前沿，于是德布罗意的名字开始为人所知。不过诺贝尔奖的颁发自有其规则，并不是提出一个惊天动地的理论就可以获奖，直到后来实验物理学家发现电子的衍射图谱果然与X射线一模一样，德布罗意才获得了诺贝尔物理学奖。所以说，专业的差异根本不是事儿，只要自己真的想学，总是有机会做出成就的。

即便是到了现在这学科划分越来越精细，动不动就让人觉得隔行如隔山的时代，也还是有一些转型的学霸做出了不起的成就。比如2003年获得诺贝尔物理学奖的安东尼·莱格特，他原本的专业是古典语言学，大学期间经历的是严格的古希腊语和哲学的训练，但这也并没有妨碍他后来专攻低温物理，从理论上解决了关于氦-3奇妙行为的谜题——没错，就是在月面上

我是个科学家，我没那么了不起
学霸的非典型往事

含量丰富、老是有人惦记着要把它弄回来充当清洁能源的氦-3。这东西已经为物理学家们带来了两次诺贝尔奖：一次是颁给莱格特他们的理论，另一次是在 1996 年颁给三位实验物理学家对氦-3 的超流状态的实现。超流体是个非常有趣的东西，真正的"兵无定势、水无常形"，你把超流状态的液氦装在陶瓷杯子里，它就会穿过陶瓷上的微小空隙全部漏出来；把它装在玻璃烧杯里，它会沿着杯壁向上爬，一直到全部流出来为止。只不过，要让氦-3 达到超流状态，必须把它冷却到 0.0027 开尔文以下，也就是非常接近绝对零度的状态才行。然后呢，这种冷却技术又带来了 1997 年的诺贝尔物理学奖，华裔物理学家朱棣文是分享那年这个奖项的三位物理学家之一。

说起来，莱格特的这种"转行"倒是挺符合跟热有关的物理学的传统。从热学作为一门学科出现以来，关于热的本性的那些最基本的工作就全都是由"业余"物理学家做出的。比如，发现比热容的布拉克是一位医生和化学家；提出能量概念的迈耶也是位医生，启发他灵感的是人体静脉血和动脉血的不同颜色；发现热是一种运动而不是一种物质的伦福德伯爵⊖，是位军

⊖ 这位伯爵可是相当不务正业呢，他还有一项许多人日常生活中离不开的发明——滴滤式咖啡壶。而且没有他对隔热方法的研究，就没有后来的保暖内衣。还有一点，他娶了被称为近代化学之父的拉瓦锡的遗孀。

学习篇

人兼冒险家；至于发现热功当量和能量守恒，并最后发展出热力学第一定律，名字被拿来当作能量单位的焦耳，他是个开啤酒厂的啤酒酿造师！这种情况大概一直持续到开尔文勋爵大人⊖出现才得以改变，不过似乎改变得也没多么彻底。这位学霸与其说是一位专业的物理学家，不如说是一位专业的发明家，他一生中注册的专利达到了 69 项，是第一位通过申请专利而发财的科学家。让他获得人生第一笔财富的是电报机的发明，而他之所以得到勋爵的头衔，也是因为对电报工程做出的贡献。

专业的转换有时候不单单是由于个人兴趣的转移，还关系到时代的变迁。比如在 20 世纪中叶，生物学开始取代物理学成为发展最迅猛的科学，不断地有新的发现和成果在这个领域出现，吸引了一大批物理学界的聪明头脑。首先对生物学发生兴趣的是薛定谔，别误会，这儿可不是指他和他那只著名的猫。虽然薛定谔在社交平台的碎片段子里给人留下的印象，经常是"虐猫狂人"薛定谔，但那只是一个思想实验而已，目的是指出当时的量子理论主流假说中的一个矛盾，跟现实中的任何一只猫咪都没有关系。薛定谔真正与生物学发生联系，是在他做了一系列名为"生命是什么"的讲座之后。这一系列

⊖ 他的名字被拿来当作了温度的单位，例如上面的 0.0027 开尔文。

讲座对遗传分子的特征做出了许多理论性的推测，讲座的内容后来被整理成同名的书籍出版，堪称史上第一部关于生命本质的畅销科普著作，影响了整整一代生物学家。后来发现 DNA 双螺旋结构的詹姆斯·沃森就说过，正是《生命是什么》这本书让他对基因产生了兴趣，要不他早就老老实实去当个鸟类学家了。

同时代的另一位物理学家则堪称直接启发了氨基酸编码的发现，他就是乔治·伽莫夫。伽莫夫也是一位跨界跨得三头六臂的人物，他作为一位物理学家最大的成就当然是关于宇宙大爆炸早期的原子核合成，也就是"太初核合成"的理论，不过让人印象最深的还是他"科学顽童"的形象。太初核合成的论文挑在了 4 月 1 日愚人节发表，作者原本是伽莫夫和他的学生阿尔菲，但是伽莫夫一时顽皮，非要拉上朋友贝特来一起署名，还特别要把自己的名字排在最后面。他的理由很简单：咱仨的姓刚好跟希腊字母的头三个——α、β 和 γ 谐音，论文的内容讲的又正好是最早的原子核，这不是很合适吗？这种近乎淘气的幽默感让他不但在物理学界大有作为，还成为科普界的一代宗师，毕生出版的 25 部著作里有 18 部都是科普畅销书，其中的《物理世界奇遇记》更是不知道让多少人一下子知道了相对论和量子力学。伽莫夫关注到氨基酸编码完全是出于偶然：他其实是去"蹭会"的。当时生物界赫赫有名的冷泉港实验室○召开了一个研讨会,主持人是"分子生物学之父"德尔布吕克,他和伽莫夫在哥本哈根研究所共事过。什么?你问德尔布吕克为什么会在哥本哈根研究所出现?因为他原本主修的是天体物理和理论物理呀!所以他也是一位跨界的典范,开创了以物理学方法来研究生物学的"生物物理学"这个分支学科,直接影响了薛定谔跑来生物学这边玩票。德尔布吕克为了这个会特别邀请了一些物理学家,会上沃森和克里克做报告介绍了他们发现的 DNA 双螺旋结构。不得不说,生物学家和物理学家的思路确实不一样,伽莫夫一听,哦,DNA 链上的核苷酸一共有四种,它们组成氨基酸,这不就是个排列组合吗?嗯,不同的氨基酸在蛋白质里出现的频率各不相同,蛋白质里的核苷酸呢,也可以测出比例来。这……这就是一套密码嘛!

  读过福尔摩斯的都知道"跳舞的小人",不同姿势的小人代表不同的字母,一旦我们确定这些小人组成的是一篇通顺的文章,那么就可以按照字母出现的频率来推测哪一个小人对应哪一个字母。伽莫夫是头一个把密码学这一套用在氨基酸上的人,

---

○ 位于美国纽约州长岛上的冷泉港,此机构的研究对象包括癌症、神经生物学、植物遗传学、基因组学以及生物资讯学,其主要成就在分子生物学领域。迄今为止,该研究所里一共诞生了七位诺贝尔奖得主。

他会后马上写信给沃森和克里克解释了自己的想法。当时伽莫夫对化学和生物学堪称一窍不通，里面许多细节都是错误的，但这个新鲜的思路，让沃森和克里克很快推算出了真正的"遗传密码"。

伟大的头脑都是相通的，真正的科学亦然。在科学史上，从一个学科跨界到另一个学科，或者从一个专业跨界到另一个专业的学霸实在太多，几乎成了一种常态。居里夫人先后拿过诺贝尔的物理学奖和化学奖；瑞典眼科医生古尔斯特兰德在同一年里被生理学或医学奖和物理学奖提名，他谢绝了后者，接受了前者。不过前面这些学霸跨来跨去至少还总是留在脑力劳动的范畴内，您听说过从数学界跨界到……呃，杂技界的吗？

数学怪才保罗·爱多士的好朋友数学家罗纳德·格雷厄姆（他的正职是数学家，兼职……大概算是爱多士的保姆），管理着 AT&T 公司的贝尔实验室，差不多也是当时世界上最好的数学家之一。这位先生大学时曾经是马戏团的成员，还是"世界耍球协会"的前主席，最高纪录可以同时在手里抛着 6 个球，差点儿向 7 个进发（当时的世界纪录是 9 个）。他跟爱多士讨论数学问题的那幅景象可真是吓人：一个一杯接一杯不停地灌着咖啡，一个时而倒立时而翻着跟斗，有时还会从书房转移到后院，因为那里有格雷厄姆心爱的蹦床，偶尔在蹦床上来个后滚翻三周的时候他会忽然找到解决问题的灵感。别人工作之余的放松一般是散个步什么的,他的放松方式是在蹦床上苦练反身翻腾 720°加转体 720°。可惜这项绝技他好像始终没能练成,不过按照格雷厄姆的说法,数学和杂技有相通之处,都需要摒除杂念,专心致志,然后在你还没有察觉的时候,进步就发生了。

其实一切的成功都是这样。

我是个科学家，我没那么了不起
学霸的非典型往事

成名篇

出名要趁早

1935年那会儿,在美国底特律有个12岁的小孩儿叫沃特·匹茨。底特律那地方从来治安就不太好(现在变得更糟了),有一天他被几个流氓追赶,情急之下躲进了图书馆。因为是躲,便缩在角落,谁也不知道屋子里还有个小孩儿,所以图书馆管理员就这么关上门下班了。

匹茨发现自己暂时是出不去了。他心也够宽的,也没怎么着急,就从图书馆里找书出来打发时间。因为长夜漫漫,于是索性就拿了本厚的:罗素和他老师怀特海合写的《数学原理》,三大卷,2000页。这可真是一部巨著,在数学和逻辑领域都是,它的目标是"完整地列举出数学推理的所有方法和步骤",两位作者为此花费了整整10年时间,就连好多数学家(很可能是自它问世以来的绝大多数数学家)都没能真的读完这本书。不过匹茨小朋友倒是一看就看进去了,接下来的一个星期,他天天跑去图书馆。不知不觉地，他就把这本 2000 页的大部头给啃完啦。

然后这个 12 岁的小孩就给罗素写了一封信，指出了书里的一些错误，同时宣布自己要成为一名数学家。后来他也确实做到了，在一个被称为"数学生物物理学"的全新领域。几年后，他发表的一系列论文把人脑与图灵机联系了起来，控制论这门学科随后即将出现。

数学家这个行当好像真的是神童的天下。一方面，整个数学史上神童层出不穷，好像 24 岁以前没能扔出个砸死人的成就来都不好意思跟人打招呼（所以你看，数学界的各大奖项通常都有年龄限制，而且数学家们一点儿也不觉得这有什么不对劲）；另一方面，年纪大了还能做出伟大成就的数学家简直凤毛麟角。事实上，由于古代人的平均寿命限制，活得够长的好像本来也不是很多了。不过历史上最伟大的那几位数学家，倒是恰巧都活到了高龄：阿基米德 75 岁，并且原本可以活得更长；牛顿 85 岁；高斯 77 岁。活到这把岁数当然也就难免要眼看着晚辈们一个个在自己之前离去，特别是高斯大神，他那个时代正好是数学在各方面都迅速发展的时代。19 世纪的 00 年代、10 年代和 20 年代，分别都出生了一位了不起的数学家，全都是天才儿童，干的全都是改变后世数学面貌的事儿，但全都没活过 30 岁：法国数学家伽罗华在 21 岁时死于决斗，挪威人阿贝尔和

我是个科学家，我没那么了不起
学霸的非典型往事
———

德国人艾森斯坦各自在 27 岁和 29 岁死在肺结核上，三位加起来刚好和高斯一个人的寿数相当。高斯评价艾森斯坦，说只有三个数学家是划时代的：阿基米德、牛顿和艾森斯坦。他倒是没提他自己，不过他的确不是划时代的，他是跨时代的。

话是这么说，不过数学界的史上头号神童，无疑是卡尔·弗里德里希·高斯本人。按照高斯自己的回忆，他 3 岁的时候就能纠正父亲账目上的错误，这简直是近乎天启的才能，因为那之前根本没有人教过他算数。而从少年时代起的飞速成长，也印证了人们对"神童"这个词儿的标准理解。

列位看官想必都听说过那个从 1 加到 100 的故事，那时候高斯 10 岁。12 岁时他掌握和发展了二项式定理，16 岁时第一次瞥见了一种非欧几何的可能性，17 岁时开始发展出严格的证明要求，一点点地填补起前辈们当初那些"证明"步骤间的空白，18 岁发明最小二乘法，19 岁证明二次互反率。这么说吧，在高斯之前和之后的数学是完全不同的，数学的幸运在于在 1796 年 3 月 30 日，离高斯 19 岁生日刚好还有一个月的那一天，他在选择未来专业的时候，决定成为一名数学家。

按照心理学家和遗传学家如今的研究，人的智力，乃至其他的一切，在很大程度上都是由基因决定的。这并不是说后天的努力没有意义，如果一定要打个比方的话，人就像是一本书，这本书的大纲在出生的时候就已经基本写好，每个章节的内容都已确定，但是具体每个段落的写法、每个细节的遣词造句，则需要由后天的环境和教育来细细雕琢。高斯本人有一个聪明而高寿的母亲（她活到了97岁），虽然他出身于贫苦的乡村，但天资聪敏的舅舅竭尽所能地教导他。随后，身为神童这一项不凡的特征又给他带来了显贵们的瞩目和资助，帮助他得到了当时最好的教育。不得不承认，如果高斯没有因为绝顶的早慧而令人惊奇的话，等待他的命运可能将会有微妙的偏差。

无独有偶，在如今的数学界，也出现了这么一位被公认为是当代最聪明的神童，他就是澳籍华裔数学家陶哲轩。陶哲轩是位"70后"，9岁开始在弗林德斯大学学习数学和物理，创下国际数学奥赛奖牌（10岁）和金牌（12岁）选手的最低年龄纪录，24岁当上教授，进入21世纪之后几乎把数学家能拿的奖都拿了一个遍。而且这位学霸长相英俊，笑容阳光，家庭美满，更兼文笔流畅，连待人接物据说都挑不出什么错来，简直从各方面都完全满足人民群众对"神童"这个词儿的最高期待（虽说好似有点儿颠覆"数学家"的固有形象），还被评为当世智商最高的人——我对智商测评本身没什么意见，对这个结果也没有异议，但是对评定"智商最高的人"这种事稍微觉得有点别扭，因为那代表着被评者的智商必然高于评定者，那么这个"评定"的意义也就不免有点儿令人怀疑。不过这至少证明，在大多数人心目中，陶哲轩的智商那是非常高的。而且特别难得的是，在专业划分越来越精细的情况下，陶哲轩竟然是一位对现代数学的各个方向都十分了解的全能数学家。上一位十项全能的数学家要追溯到19世纪的庞加莱。一个现成的例子是，2014年的菲尔兹奖刚刚颁布没几天，陶哲轩就已经撰文把四位获奖数学家的研究成果都讨论了一遍，说得条分缕析头头是道，完全看不出来那几位跟他目前的工作领域相去甚远。要知道，算法、代数、几何、分析，这四大分支想要全面理解两个以上就非常困难了，陶哲轩能够这么渊博而敏捷，那确实是没几个人能够做到的。

和高斯的父母不同的是，陶哲轩的父母受过良好的教育，能够在他成长过程中给予指导和陪伴，这对儿童来说是非常重要的。在进入现代之后，纯粹凭着专注和热情自学成才的例子已经很难复制，合格的神童家长甚至比合格的神童还要难得。他们需要为天赋特异的孩子制造出能够专注于兴趣的环境，在必要的时候提供鼓励和帮助，但又得小心避免过度保护和过度开发的倾向——这个世界上的神童可能比我们所知道的要多得多，只是其中的许多人没能把天赋转变为成就，因此永远都不会为我们所熟悉。

比起数学界来，科学界的神童显然要少得多。一部分原因是数学和围棋有些相似，规则非常简单，小朋友很快就能学会，然后他们就可以自己放手去玩儿了。至于在和数字或棋子的玩耍过程中会发现什么精致的图案、得到什么奇妙的规律，需要后续学习更多的定理或定式，那是入门之后的事儿。另一部分原因是科学探究是一个不断把观念与事实相映照，一点点找出头脑中错误观念的过程，科学家需要时间来慢慢建立起知识和方法的框架，而这是一个"试错"的过程——老有人觉得科学这么"高大上"的东西一定是天生正确的——才不是那么回事儿呢，科学不但无法回避错误，而且从本质上来说，科学需要错误，在发现错误的基础上它才能不断地进步，完美无缺的东西那是属于神学和玄学的领域。所以在科学的领域没有莫扎特，而那些少数的科学神童，不但做出成就的年龄比起数学家们相对更晚，而且其工作的领域，有时候和应用数学还真是傻傻分不清楚呢。

这方面最标准的例子是量子力学。这门学科有一个昵称，叫作"男孩们的物理学"。从 1900 年普朗克提出黑体辐射理论开始，量子力学以迅雷不及掩耳之势在崭新的、接近于数学的世界观上建立起来：1913 年，玻尔提出原子结构模型；1926 年，海森堡、玻恩、约尔丹提出矩阵力学；几乎同时，德布罗意和薛定谔提出了波动力学；1927 年，狄拉克和约尔丹提出变换理论。量子力学只花了区区 27 年就搭建起了理论的华厦，按照现在的上学时间，按部就班读到博士差不多也要这么多年吧，何况这是一套从无到有的理论，而它的缔造者中，也有一大半人年纪和它相当。

"男孩们的物理学"这说法最早是由沃尔夫冈·泡利提出的。他是这群"男孩"中的一员，和量子力学同龄，在1900年出生。看官一定曾经或将要在高中化学课上遇到"泡利不相容原理"，这是个日后拿到诺贝尔奖的发现，而他做出这一发现的时候只有25岁。在物理学家队伍里，泡利算得上是个标准的神童了，他18岁就发表了第一篇学术论文，主题是关于广义相对论，这时的他比同时代的许多物理学家对广义相对论的理解都要透彻。22岁在他博士毕业时应导师索末菲之邀，写了一篇介绍相对论的长篇文章，得到了爱因斯坦本人的高度评价，至今还被认为是最好的相对论书籍。泡利是海森堡的师兄，海森堡比他小1岁，按照他后来的导师玻恩的回忆，海森堡是个金色短发，笑容明朗，喜欢穿皮短裤的俊秀青年。这个青年在25岁时就当上了莱比锡大学的物理系主任，比好多学生还要显得年轻活泼。海森堡还喜欢打乒乓球，后来他借系主任职务之便组织了全系的乒乓球比赛，第一年称霸全系，第二年却卫冕失败。为什么呢？因为这一年从美国来了一个博士后，他是中国人……这位博士后只比海森堡小1岁，后来学成回国，担任过北京大学的校长，他就是周培源先生。

"量子男孩"里最年轻的一位是保罗·狄拉克，生于1902年。他23岁进入剑桥的时候还对量子力学一无所知，短短两年后就建立起了自己独特的体系，28 岁时已经提出了描述电子的相对论性方程——狄拉克方程。不过真的很难说清狄拉克到底该算是一个理论物理学家，还是一位应用数学家，他后来担任的是剑桥的卢卡斯数学教授，因为太年轻，在就任的时候还引起了一点儿风波：卢卡斯数学教席是世界上最著名的数学教席之一，一大堆人蜂拥而来对这个 30 岁的年轻人表示祝贺，狄拉克一向不擅长跟人打交道，最后干脆躲进了动物园，让人们一通好找。

关于年龄与科学成就之间的关系，狄拉克有诗为证（他这诗写得……大概比前面费曼那首好一点）：

老年是一种令人战栗的热病。
每一个物理学家都为此心惊。
一旦度过了三十年华。
他与其苟活，不如轻生。

狄拉克这话说得其实有些绝对了，他忘了物理学不光有理论物理，而理论物理也不全像量子力学那样接近于数学。据统计，在所有诺贝尔物理学奖的得主中，大概有 1/3 是在 30 岁前就做出了让自己获奖的工作。而大器晚成的物理学家，也相当不少呢。

不过总体来说，科学界确实也喜欢神童。出名要趁早，这绝不是一句空话。因为学术上的资源是有限的，越早证明自己的学术能力，就越有机会获得所需要的资源。和同龄人比起来，神童们总是能进入更好的大学、追随更好的导师，当然也就能获得更好的机会，这就是科学上的"马太效应"㊀，虽然领先一步并不意味着能够一直领先下去，但落后一步就很可能步步落后，需要花费更多的时间和精力才能追上来。在科学传承上，有一个好老师可是很重要的：获得诺贝尔奖的学霸们，一半以上都有一个获得过（或者差点获得）诺贝尔奖的师父。卢瑟福和 J. J. 汤姆孙两位联手，前后在卡文迪许实验室带出了 17 个诺贝尔奖得主；索末菲门下有 6 个得了诺贝尔奖的徒弟；费米门下有 7 个（包括李政道和杨振宁）。拜到这些大神门下的机会可不是天上掉下来的，那都是经过激烈竞争得来的，倘若没本事在年轻时就显露足够的才华，谁理你啊？

　　幸运的神童都是相似的，而不幸的则各有各的不同。总的说来，神童是一种可遇不可求的珍稀生物，不是每位父母都知道应该如何正确地对待他们。不恰当的教育方式很可能毁掉珍贵的天赋，或者在成年之后留下精神创伤。列位看官一定都知

㊀ 这个词儿被人们用来形容成功者获得的累加优势，有利条件总会随着成功而聚集起来，典故来自《圣经》里的《马太福音》："凡有的，还要加给他，叫他有余；凡没有的，连他所有的也要夺去。"

道王安石的《伤仲永》，不管是确有其事还是杜撰的，它证明了即便是神童，后天教育也必不可少。这方面确实有一个活生生的例子，来告诉我们开明的父母有多么重要。

　　回到本节开篇时那个与控制论有关的故事。匹茨的论文是控制论出现的引子，但真正创立它的是另一位神童——美国应用数学家诺伯特·维纳。维纳作为神童的名声在他出生的时候就打响了：他那在哈佛当教授的老爹在他刚出生的时候就召开了一个新闻发布会，宣布要把自家儿子培养成神童。他确实做到了这一点，但是以一种让父子俩都绝对不愉快的方式：根据维纳本人的回忆，父亲大人从他 1 岁起（对，你没看错，1 岁！）就亲自在家里给他上课，学习希腊语、拉丁语、数学、物理和化学。课程一开始总是以轻松又平常的语气开始，但一旦儿子出了错就变得"好像有血海深仇一般怒吼起来"。这种教法肯定会留下心理阴影，反正接下来维纳似乎一生都脾气古怪，不讨人喜欢。但在学业上，他是成功的：他史无前例地在 18 岁就拿到了哈佛博士学位。前几年国内的书店里堆满了《哈佛女孩》或者《耶鲁男生》之类的家长心得畅销书，但"虎妈虎爸"这种事儿可绝不是咱的专利，维纳家老爹也抓紧一切机会在各种媒体上吹嘘自己"把懒惰的儿子培养成了天才"，中心思想就是"看哥有多牛"。当然他确实是挺牛的，但是对儿子的伤害非常深，维纳觉得好像成功都是老爹的，万一失败了则都是自己的错。后人判断，从成年后的表现看来，他很可能罹患有轻度的躁郁症。

说实话，一个人要是整个青春期都处于被吓坏和生闷气交替的状态，那变成个情商为负的典范也就毫不奇怪了：维纳接下来去剑桥跟着罗素做博士后时，绝对是最让罗素恼怒的学生。罗素曾经在给朋友的信里抱怨说"此人18岁，哈佛博士。这小子让人吹捧惯了，还以为自己是万能的上帝"，师徒俩天天掐架。后来维纳还闹过这么一出：指控他的教授们剽窃自己的作品。鉴于他指控的教授里包括了伟大的理查德·柯朗㊀，他说的话没人肯信——研究生同学们纷纷表示如果柯朗老师肯使用我们的研究我们受宠若惊啊！柯朗老师请收下我们的膝盖！维纳憋了一肚子气，默默地回去写了一部小说，主要情节就是一位无耻的老教授剽窃了一个年轻人的思想后来遭到报应的故事。这部小说幸亏没有发表，不然律师准会找上门来。后来他的自传就是因为有律师告他诽谤，所以才不得不删了好多内容。

虽然维纳没有按部就班地上完中学，当然更没有上过中学二年级，不过他一生中的大部分时间好像老是在生气，老是觉得被威胁，老是没有安全感，倒确实挺适合"中二"这个词的。

维纳是匹茨的博士生导师，指导他的博士论文写作。不过

㊀《数学物理方法》的主要作者，后来前往美国，开启了美国的应用数学研究。

在他们研究控制论的团队中，还有一位非常重要的合作对象，那就是神经科学家麦卡洛克。事实上，麦卡洛克才是团队凝聚力的来源，而且匹茨的数学生物物理学论文都是跟他合作发表的。大家相安无事地合作了几年，忽然有一天，维纳再也不跟这个团队联系了，事前没有征兆，事后也没有解释，到现在也没人确切知道到底是为什么。失去了维纳的控制论蒙受了巨大的损失，研究停滞下来，而伤心的匹茨毁掉了自己的博士论文，后来因为酗酒加吸毒○而过早去世了。

一个过度望子成龙的凶恶老爸，最后毁掉的不只是自家的神童。只能说，天才已不易，成才更不易，要且行且珍惜呀。

○ 匹茨的毒品都是在实验室自己动手合成的。但不论为了什么理由，吸毒都不应该成为一个可选项。

老来得『智』

虽说成为学霸这事儿跟下棋差不多，所谓"二十不成国手终身无望"，其实偶尔也还是有那么几块"老姜"，到了同龄人差不多要退休的时候，才突然开始发光发热。就连数学这种号称是年轻人天下的国度也不例外。G. H. 哈代在《一个数学家的辩白》里说："伽罗华 21 岁去世，阿贝尔 27 岁去世，拉马努金 33 岁去世，黎曼 40 岁去世……我不知道有哪一个重要的数学进展是由一个年过半百的人创始的。"哈代那时候正感伤于自己年华的老去和创造力的突然消失，他忘了数学家里确实有一个例外，在前面所列四位天才都已经去世的年龄，这位学霸才刚刚成为一位真正意义上的数学家。

"现代分析学之父"魏尔斯特拉斯，生于 1815 年，19 岁高中毕业后被他那当小职员的老爸扔进大学去学商业和法律，目标是大学毕业之后当上公务员。魏尔斯特拉斯对当公务员没什么兴趣,大学 4 年时间全都花在击剑俱乐部和纯正的德国啤酒上了。这一位简直是个天生的剑圣,打遍全城无敌手,4 年间斗剑无数,自己身上从没留下过伤痕。在剑与酒的间隙,他阅读拉普拉斯的《天体力学》,为终身的兴趣打下了基础。不过这对他的法律学位可一点帮助都没有,四年下来他两手空空地回家,让老爸大为恼火——这也是顺理成章的事儿,乡下小职员家庭四年间省吃俭用,挤出钱来供儿子进城念书,他却看似全然浪费了时间和金钱,彻头彻尾地失败了。

小门小户的长子,没个工作可不行,家里还等着他接力当顶梁柱呢。于是 24 岁这一年,魏尔斯特拉斯去参加了国家教师考试,准备念两年师范之后去考教师资格㊀。正是在这个时候他接触到了一生中最重要的恩师古德曼,把幂级数理论这个将陪伴他一生的法宝带给了他。这对师徒在某种程度上也是相当珠联璧合的。古德曼开课讲椭圆函数的时候,第一讲只来了 13 个人,他没在意,因为德国的教授可是公职人员,才不指望拿学生的学费来付薪水呢。不来听就挂科而已,自己的学业,难道要教授来替你操心?结果从第二讲开始,教室里就只有一个学生了。是谁当然就不用我说了,总之古德曼很高兴,这说明终于有一个真心喜欢这门课的学生了。魏尔斯特拉斯当然也很高

㊀ 别小看师范,爱因斯坦大学念的其实也是师范课程呢,对高中师资水准的严格要求是后来德国科学界腾飞的重要原因。

我是个科学家，我没那么了不起
学霸的非典型往事

兴，他可以独霸教授的讲解了。在接下来的教师资格考试里，魏尔斯特拉斯交出了这个考试有史以来最深奥又最高明的论文，得到了一张关于"对数学的独创性贡献"的证书。之后，他就被一脚踢到了某个偏僻的小乡村，当了整整15年的中学老师。

中学老师的薪水是很糟糕的，于是魏尔斯特拉斯没钱去做当时知识分子必须做的一件事：与同行保持科学通信。他一礼拜的薪水还不够寄三封信呢，买新书籍什么的那就更别想啦。从一个数学家的意义上来看，他差不多是与世隔绝了。如果用网游来比喻，那魏尔斯特拉斯这是玩了15年的无更新单机版，到40岁那年才重新连上线。此外，他教学任务也很繁重，白天要教数学、物理、语文、地理、书法和体育（嗯，以后谁要是再嘲笑别人"数学是体育老师教的"，可得当心人家拿这个例子来还击）；晚上呢，魏尔斯特拉斯还独自熬夜读阿贝尔函数。他倒是从来没有在村子里展露过什么怀才不遇的高冷范儿，当地的容克小地主和村民们回忆起他都觉得这人整天乐呵呵的和气得不行。这么个和气的老兄每天晚上独自做着研究，也并没特别着急要发表什么一鸣惊人的论文来改善自己的处境。一直到39岁，他关于阿贝尔函数的工作臻于完满的时候，才在著名的数学杂志上发表了自己的成果。

数学界的认可以迅雷不及掩耳之势来临，作为职业数学家的前路终于开启。也许是对此前过于漫长等待的补偿，魏尔斯特拉斯的创造力在此后的几十年里源源不绝。不过这位学霸还是像当初窝在小乡村的时候一样,对发表自己的研究成果一点儿也不着急,他的习惯是反复修改理论,直到找到能够发展出它的最好方式。这种习惯承继于伟大的高斯,在数学证明的华厦完工之后,他会"拆掉所有的脚手架",有时还会抹掉所有通向它的脚印,让它看起来超凡脱俗、美轮美奂。我们如今在数学课本上看到的无数精致、简洁、完美的证明,在数学家们的案头都曾经是一片乱糟糟的难看"工地",在细致的长期工作之后才呈现出现在的模样。这种完美主义导致魏尔斯特拉斯的著作发表得非常慢,而且曾经发生过不可挽回的惨剧:65岁那年在一次度假旅行时,他把随身携带的装手稿的箱子给弄丢了!

是的,我们的魏尔斯特拉斯先生,他勤劳朴实,和蔼可亲,不骄不躁,踏实沉稳,对学生如同春天般的温暖,对数学错误如同秋风扫落叶一般决不留情,就只有一个缺点:在三次元的世界里有点儿丢三落四。之前也发生过多次他把未完成的手稿随便借给学生传阅结果蒙受损失的情况,直接弄丢的有之,被涂改了再还回来的有之,甚至被学生拿去改头换面之后充当自家的成果发表的也有之。魏尔斯特拉斯对前两种情况都毫不生气,对最后这种情况却表达出了基于完美主义的不满——署名是谁我不在乎,但是文章被你们改得很烂知道吗?

这一箱丢失的手稿一直不知下落,要是如今能被找到,准

我是个科学家，我没那么了不起
学霸的非典型往事

会价值连城——只要能落在识货的人手中的话。有时候珍贵的手稿也会遇人不淑，一个例子是达·芬奇的笔记，另一个例子是牛顿的手稿。这两位都终身未婚，没有后代，达·芬奇的遗作交给了朋友，牛顿的遗作交给了侄女。当然这个世界上的不肖子孙也多的是，不见得生个儿子就能把好东西千秋万代地传承下去，反正这些手稿最终都被拆成了单页，零敲碎打地用来换了钱。牛顿家那个继承人尤其可恨，不但丢人现眼地把祖上的遗产拿去拍卖，而且眼皮子浅到只卖了 9000 英镑！卖的钱还拿去支援了纳粹！要是魏尔斯特拉斯的手稿也落到这种境地，我想完美主义的他说不定宁愿这箱子手稿被拿去点了烟斗呢。

不过没关系，虽然魏尔斯特拉斯本人的著作不算多，但他的工作成果已经由大批的弟子传遍了整个欧洲——魏尔斯特拉斯并非史上最伟大的数学家，但绝对是史上最伟大的数学教授，他的声望甚至凌驾于战争之上。1870 年普法战争那会儿，有个青年人去巴黎求学，法国的数学家埃尔米特就对他说：“要学分析的话，你应该去柏林找魏尔斯特拉斯，因为他是我们所有人的老师。”完全没在乎柏林那时候是敌国首都，魏尔斯特拉斯是敌国人士。

这是数学家们的光荣传统：数学超越国界。当初在拿破仑的大军浩浩荡荡碾过高斯家乡的时候，这位大师的保护人斐迪南大公战死，他失去了经济来源不说，还被法国的将军们敲诈

2000法郎的"皇帝陛下战争基金"。当时的2000法郎大约相当于一斤黄金，别看如今这只是十几万人民币的事儿，可那会儿的高斯还是个刚结婚的毛头小青年，哪儿拿得出这笔钱？最后还是远在巴黎的拉普拉斯听说了，默默垫上，替高斯摆平了这事儿。

另一位大器晚成的学霸属于"男孩们的物理学"这组，在一群20多岁的青年中年纪特别显眼，他就是埃尔温·薛定谔。薛定谔做出他赖以成名的、对物理学最大的贡献时，已经39岁。关于薛定谔最出名的事儿大概有两件：一是他那只"薛定谔的猫"，二是他跑去牛津赴任的时候同时带着夫人和婚外的女朋友。别说是20世纪，就算是现在，这么干也是绝大多数人不能认同的。这位学霸一辈子的风流韵事大概相当于本书其他学霸的总和，年轻的时候为情所困，直到25岁还在认真地考虑要不要放弃薪酬微薄的学术工作，回家去安分地当个"富二代"，不过这想法却被他老爸果断拍回去了。通常这种戏码都是保守的长辈要孩子继承家业，晚辈为了学术理想誓死不从才对，到了薛定谔家这倒是反了过来。因为老薛定谔先生当初就是为了养家不得不放弃了心爱的学业，后来做生意发迹了，不愿意儿子再重蹈自己的覆辙。随后"一战"爆发，作为奥匈帝国预备役炮兵军官的薛定谔立马就上了战场。在阵地上他还悠闲地写论文呢，反正炮兵离前线远。

我是个科学家,我没那么了不起
学霸的非典型往事

———

对于欧洲科学界来说,第一次世界大战是一场可怕的噩梦。大学生们逐个年级地被征召入伍,科学家们直接作为普通士兵上了前线。有无数的未来之星陨落在战壕里,甚至可能死得毫无军事价值。除了炮弹之外,疾病夺去了更多人的生命,更别说战后紧接着来袭的大流感。即便是对幸存下来的那些人来说,人生中最宝贵、最可能产出成果的年富力强的时光也已经耽误了好几年。不过不管怎么样,炮兵比步兵还是要安全一点儿,薛定谔的导师就阵亡在一次率领步兵队伍的冲锋中。可能正是因为这令人惋惜的损失,薛定谔很快被调离了前线,回到维也纳给防空炮兵讲气象学:总不能让所有的物理学教授都阵亡掉吧,战后大学还上不上课了?

附带一提,正是因为第一次世界大战时科学界的可怕损失,第二次世界大战中的各国才执行了"科学家不上前线"的潜规则。更多的科学家在后方发挥了比在前线冲锋更大的作用:物理学家发明了雷达(后来还有导弹和核武器),数学家则展开了密码战。这些发明的功过是非我们暂且不去讨论,但科学家不再会在冲锋中阵亡则是不争的事实。

再说回薛定谔。战争给他造成了大麻烦:他家破产了,而他染上了肺结核。有那么一段时间他靠太太的薪水养着,而他的父母因为贫困而悲惨地死去。这段时期的经历对他后来的职业生涯产生了巨大的影响:在辗转各国到处漂泊的漫长过程中,他总是把财务的安全放在第一位；而为了保住教职，他在教学上投入了过多的时间，当然这也妨碍了他对物理学的探寻。

实际上，这就是大器晚成的不利之处了。大家当时都知道薛定谔是个不错的物理学家，要不苏黎世的联邦理工学院也不会请他去当教授，但要说能为他提供点儿什么特别的待遇，那就还差点意思。那几年薛定谔也并不是完全没有工作成果，水准也还不错，但又没有不错到能引起谁特别注意的地步，这些成果直到他拿到诺贝尔奖之后才被人翻出来查看。大器晚成的人必须更耐得住寂寞，更扛得住逆境，还得在面对比自己年轻很多的同事时，心态上更加淡定才行。

薛定谔调适心态的法宝大概是女朋友，他有一项非常特殊的能力——都说恋爱使人愚蠢，可是他每次陷入一段罗曼史的时候，创造力都会得到惊人的提升。虽然一般来说，关心别人的私生活是件挺没品的事儿，但是薛定谔的私生活确实跟他的科学成就密切相关，所以我们在这儿没法不提。不管怎么样，有一位身份至今未知的神秘女友陪了他一年，而在这一年中，产生了六篇关于波动力学㊀的重要论文。1926 年 39 岁的薛定谔爆发的创造力，恐怕只有 1905 年时 26 岁的爱因斯坦才能相比。

真要计较起大器晚成得有多晚，最传奇的例子还是约翰·

㊀ 根据微观粒子的波动性建立起来的一种量子力学表述，与海森堡创立的矩阵力学在数学上等价。

富兰克林·恩德斯——"现代疫苗之父"。他也是赶上了"一战",大学期间从军当了一名飞行员,耽误到 23 岁才从耶鲁毕业。战后他做了一段时间的房地产生意,觉得无聊,又回到哈佛念英国文学。等到他觉得古希腊语什么的也不值得为之托付一生,而改去进修细菌学和免疫学的时候,已经 30 来岁了。当然我们如今也经常在报纸上看到老人家为了圆梦参加高考什么的,但那跟在哈佛念出一个博士来完全不是一回事儿。

恩德斯在医学院拿到博士学位的时候已经 33 岁了。有大约 1/3 的诺贝尔奖得主在这个年龄已经做出了获奖的成果,而他这才刚毕业呢。也是因为起步太晚,他在哈佛当了整整 12 年的讲师和助理教授,又当了 14 年的副教授,要不是在 57 岁那年拿到了诺贝尔奖,恐怕他还会在副教授的职位上待得更久。

恩德斯赖以获得诺贝尔奖的发现,是在试管中培养小儿麻痹症病毒的简易方法。他也是第一个指出灭活的病毒也能达到免疫效果的科学家,因此被尊称为"现代疫苗之父"。这位大器晚成的科学家在获得诺贝尔奖之后依然以花甲之年继续着自己的探索,证明了麻疹的可免疫性,为麻疹疫苗的出现铺平了道路。从此,无数的婴儿因为恩德斯的发现而逃脱了病魔的威胁,其中就包括在下和列位看官呀。

美图秀秀下的大神们

我们这本书开宗明义说得好：学霸也是人。他们没什么神奇的，无非比我们更聪明、更认真、更专注，对真理的嗜好远甚于其他爱好，最重要的是更肯花时间。最后这一点尤其重要，因为天赋在某种程度上是一种"触发技能"，必须在足够的努力之下才能显现。而惭愧地说，以我们绝大多数人努力的程度，都还不够资格来拼天赋呢。

不过在人类的历史上，确实有那么一些人留下了名字，他们做的工作改变了我们的文明、我们的世界和我们的观念，其中少数人改变得特别多。谈论和评价这最少数的一些人确实也是挺有趣的一件事。而在谈论和评价之中，一些细节被简化，另一些被夸张，故事在流传的过程中变得越来越戏剧化，这也就是难免的事儿了。

比如——

我是个科学家,我没那么了不起
学霸的非典型往事

有一位神情严肃的老人,长须长发,五官深刻端正,浓眉下眼神阴郁,打扮得像是一个神秘宗教的僧侣。单单看着这描述,你觉得画中的主角会是个什么样的人?你会觉得他睿智吗?与众不同吗?令人仰慕吗?

那么,如果我告诉你这是莱昂纳多·达·芬奇的自画像呢?

你会不会立刻觉得,啊,果然不愧是传说中 IQ220 的最强大脑,果真是骨骼清奇、不同凡响、智力超群,每一根头发都散发着艺术和人文的光辉,实乃上天赐予人类的瑰宝?

你看,脑补是一项非常强大的功能吧。

这其实都怪我们作为人类,本能就太喜欢故事,而且差不多从会说话开始就在练习讲故事。故事要求夸张和戏剧化,必须与众不同,否则没法被人记住。所以在对待了不起的人和事的时候,我们往往习惯过于慷慨地成人之美,把一大堆美好(或者自以为美好)的事物堆砌上去,把传说变成传奇。只有最好的小说家才有克制自己别去锦上添花的能力,对普通的讲故事的人来说,他们总觉得越戏剧化越会受到人们的青睐。而且替自己吹牛是臭不要脸,替别人吹牛却通常没什么道德上的压力(嗯,说出这句话的时候我真的出了一身冷汗,希望本书不至于沦为自己嘲笑的对象)。好些关于学霸们的神话正是因为这样的心理而产生,随后在口口相传中慢慢变成人们心目中的真相。套用鲁迅先生的名言句式:其实这世上本没有神,讲故事造神的人多了，也便有了神。

莱昂纳多·达·芬奇就是这么一位被封神的人物。

在今天，"达·芬奇"这个名字几乎就是无所不能的代名词，随便在网上搜一下这三个字，后面一定会跟着画家、雕塑家、发明家、解剖学家、工程师、建筑师等诸多头衔，有些夸张的还会加上数学家、音乐家和作家，反正你能想得到的带"家"字的词儿安到他身上多半都不会有太多人反对。他的画作（虽然得到确认的一共只有10来幅）被全世界奉为至宝；人体比例图被刻在金唱片上乘坐飞船飞向外太阳系；发明的超时代产物不胜枚举，据说包括自行车、坦克、机器人、变速箱、太阳能热水器和飞行器。他的科学手稿拍卖出了几百万美元的价钱，由比尔·盖茨最终捧回，目前在全世界巡展中。他记录的"爱情血管"，里面流淌的血液从左手第四指流向心脏，直接影响了后世的文化，让所有后人们都把婚戒戴到了这根手指上。好像嫌这些还不够戏剧化似的，关于他的传奇还包括"达·芬奇睡眠"，据说他只需要利用碎片时间多次短暂睡眠，就能保持精神奕奕，这一点一定让每一个被作业和试卷所苦的学生党无比羡慕嫉妒恨——哪个考试周的学生没有苦闷地做过"要是我可以不睡觉就好了"的白日梦？简直没有几个人的智者形象比他更深入人心，假如我们现在举办票选"史上最强学霸"的活动，达·芬奇这位大神多半会妥妥地入选前十，甚至可能有前三的竞争力。

我是个科学家,我没那么了不起
学霸的非典型往事

更难得的是,和其他科学家,比如牛顿、爱因斯坦、阿基米德或者高斯不同,达·芬奇的成名和科学之路是个彻头彻尾的励志故事。首先,我们一直以来对他习惯性的称呼都是错误的,虽然他的全名的确是叫莱昂纳多·迪·瑟皮埃罗·达·芬奇,但达·芬奇不是他的姓,迪·瑟皮埃罗也不是。"达"和"迪"都是介词,这一长串名字的意思是"芬奇这个地方的瑟皮埃罗之子莱昂纳多",实际上他是个私生子,根本就没有姓,只有莱昂纳多这个名字。其次,达·芬奇没有上过大学(其实他基本没上过学),对古代哲学认识不多,基本没受过数学训练,很晚才开始学习了一点几何学,并且按照当时知识分子的标准看来,他几乎就是个准文盲:当时知识界的通用语是拉丁语,每个大学毕业生都必须熟练掌握,因为读课本要用到它,写论文要用到它,出专著要用到它,想要跟同行通信讨论问题,不会拉丁文那更是万万不行的。而达·芬奇偏偏就不能熟练地读和写拉丁文,他一辈子讲的和写的都是方言,所以他当时必然是被排斥在知识界之外的,既无法接触到文献,也很难和人讨论灵感。达·芬奇的灵感都是从身边的工匠们那里得来的:钟表匠、玻璃工人、铸钟匠人,还有那些奔波在欧洲各地、与人们分享见闻的旅行家。他是草根英雄,代表着平民的智力胜利,叫人怎么能不喜欢他呢?

或许正是因为大家都太热爱这个故事,所以达·芬奇的生平在几百年的流传中得到了全面的加工。这在传播上是必须的：讲故事的人总希望人家听完后有点不一样的反应，而不是平静地回答一声"哦"，所以故事里一定要添加各种离奇的"佐料"，这是现代社会中狗仔队和八卦小报存在的原因，也是科学史上种种神话产生的根源。当我们搜刮起脑海中关于达·芬奇的印象时，会发现一大堆"哇，简直不是人"的细枝末节，比如跟郭靖郭大侠"左手画圆、右手画方"异曲同工的"左手写字、右手画画"呀；在他笔记本上那如同天书一般，被称为"达·芬奇密码"的左手反写镜像文字呀；年轻时容貌异常俊美，跟美少年闹绯闻八卦，后来又独身终老没有后代呀；彻底的素食主义，甚至把挤牛奶都斥责为对奶牛的盗窃行为呀——在这样的营养条件下他的身高居然能达到惊人的 1.94 米，这更是一个奇迹。哪怕是儿童读本上也有达·芬奇从小画鸡蛋的传说（跟牛顿的怀表⊖和爱因斯坦的小板凳一起，几乎可以并列成为学霸故事三大忽悠），总之身为天才就有绝不能跟平常人一样的义务，不贴上个古怪的标签，怎么好意思出门跟人打招呼？

其实，就跟真正漂亮的姑娘照片不需要美图秀秀一样，真正的天才也没必要强调太多夸张的细节。不需要特别吹嘘，达·芬奇也是一位天才。但要是把他说得好像穿越人士一样，

⊖ 就是讲牛顿进行科学研究时异常专心，误将怀表当鸡蛋给煮了的励志故事。

我是个科学家，我没那么了不起
学霸的非典型往事

鼓起腮帮子一口就吹散了中世纪的蒙昧迷雾什么的，那就不切实际了。后世的人们对达·芬奇的歌颂，是和对中世纪的厌恶互为表里的：有多讨厌中世纪对理性的压抑，就有多推崇这位照亮愚昧暗夜的明星。这其实没有必要，因为在达·芬奇之前，已经有一批又一批的先行者试图挣脱心智上的黑暗枷锁。也在同一个时代，阿拉伯的思想家正在炼金术、数学和天文学的道路上飞速前行，社会已经准备好了恢复追求学问的活力。

达·芬奇在这样的时代背景下诞生，他并不是毫无征兆出现在夜空中的超新星，他成长在全世界最开放、思想最自由的商业城市，这里集聚了全欧洲几乎所有最出色的艺术家和知识分子，他有机会得到足够的训练，汲取到足够多的心智营养，并且无疑还承继了前人足够多的智慧遗产。他有着广泛的兴趣、天才的思维方式、强大的专注力，还有在当时来说难得的高寿，这一切都帮助他做出了不管是数量还是质量都异常惊人的成就，以至于写下的笔记被后世学者们拿着放大镜、好像对待诺查丹玛斯预言㊀

㊀ 文艺复兴时期的一位神秘预言家，留下了一本晦涩又含糊的预言诗集，20世纪曾经造成恐慌的"1997世界末日"就是来自对他预言的"解读"。其实这就跟那个古老的段子一样：三个赶考的秀才遇到一个算命的瞎子，请他算一下能不能考中，瞎子于是举起一根手指。如果考中了一个，那是"中了一个"，如果考中了两个，那是"有一个没中"，如果考中了三个，那是"一起都中"，要是都挂了呢，那是"一个也没中"，总之都不会错。

那样过度解读，常常拎出一句话来就对应上后世一个现代化的发明。但非要把他拔高到前知 500 年、后知 500 年的高度，恐怕本性沉默羞怯的达·芬奇泉下有知，也是不会同意的。

另一个神话的主角被后世的人们打扮成了站在巨人歌利亚面前的大卫（出自《圣经》中的故事），虽然他本人当时真心没有要战斗的意思，但是在后世的传说中，他手无寸铁却勇敢机智地击败了武装到牙齿的巨人。2010 年 5 月 22 日，波兰北部的弗龙堡大教堂举行了一次庄严的葬礼。棺木中的遗骨辞世已经将近 500 年，一直和弗龙堡神父会的历代神父一起埋葬在大教堂的祭坛下，直到 2005 年才被考古学家利用 DNA 考证出身份。这一次重新下葬，后人为他竖立了墓碑。黑色花岗岩的石碑上刻着金色的太阳，六颗行星环绕着它——这是 500 年前，他心目中的太阳系。

墓主的名字叫作尼古拉·哥白尼。

在常见的故事里，哥白尼在弥留之际等到了《天体运行论》最初的试印版，并亲手摸了摸封皮才溘然长逝。不过我希望事情千万不要是这样的，因为这本书在初版时就遭到了出版商篡改，不但把原本的书名《运行》改成了后来的《天体运行论》，删掉了哥白尼原本向教皇的致辞，还换用含糊的语气写了一篇冒充作者的伪序。哥白尼那时候确实已经几近失明，不过看到自己谨慎又严整的作品变成了这么一副德性，就算真的是拿着书去世了,那也是给气的吧!

列位看官要说了,出版商当时应该是好意吧,这本书印出来难道不会遭到教廷的破坏吗?可是你得知道,当初敦促哥白尼出版《天体运行论》的朋友里就有一位主教、一位红衣主教,他们可不是为了给朋友找麻烦才这么建议的。哥白尼本人是一位地位很高的教士,教皇曾经亲自就修改历法的问题向哥白尼咨询,后来从1582年开始实行的格里高利历,实际上正是利用了基于《天体运行论》的诸多运算。天主教在整个16世纪下半叶都没有刻意限制《天体运行论》的传播(从一开始就反对它的是马丁·路德的那个新教),甚至布鲁诺在罗马遭受火刑的时候,学者们仍然可以安全地私下讲授《天体运行论》,宗教裁判所根本不会来找麻烦。直到1616年,天主教跟新教之间的掐架达到高潮,教皇必须严肃维护圣经教义了,才禁止了一切"拥护地球运动的实在性"的书籍,而这时候离哥白尼去世,已经过去70多年了。

所以在书出版的当时,压根儿就没人觉得教廷会因为这么一本书来迫害谁。首先,这本书难懂得要命,哥白尼自己都说过"数学方面的内容是为数学家写的",而且他写出来的数学还不是我们习惯看到的那种简洁明了的格式,那会儿都还没发展出像样的数学语言呢。其次,哥白尼的理论也不是为了反对托勒密体系而提出来的,他只是为行星的运动方式提供了另一种

成名篇

数学描述，而且这个描述既没有体现出物理意义，也并没有明显地比托勒密体系精密（这方面的工作要等待日后开普勒的努力）。他的最大改良是让模型简化了一些：地球围绕着太阳旋转，可以省去本均轮体系㊀里的七个大本轮，但小本轮的个数并没有减少；同时他第一次让行星按序排列成为可能，但在他的理论里，行星依然是镶嵌在一系列同心球上的，只不过球心换成了太阳。所以在哥白尼提供的图景里，整个宇宙还是一大堆叠在一起咯吱咯吱转动的透明水晶球，跟托勒密 2000 年前那一套，是同一系列，不同款式。两种理论的准确度和计算烦琐度都差不离，而且就当时能够达到的观测精度来看，地心说也没出什么错。

后世的成果粉饰了当时的初衷。《天体运行论》㊁丝毫不带

㊀ 在哥白尼之前，地心说用"本轮"和"均轮"来描述太阳系天体的运行。由于行星的运动看上去并不规则，显然不是直接绕着地球转圈儿，古代天文学家就设想它们被"安装"在一个小圆上，这就是"本轮"，而本轮又"安装"在环绕地球的大圆上，这就是"均轮"。本轮沿着均轮运行，行星沿着本轮运行，这样就能解释行星忽前忽后的奇怪行径了。随着天文观测越来越精确，要解释行星的复杂运动，一个本轮已经不够用了，所以本轮上叠加小本轮，小本轮上又叠加小小本轮，闹到后来简直恨不得一直叠加到无穷小，基本上就没人知道到底有多少个本轮了。

㊁ 《天体运行论》这个书名是李善兰翻译时的译名，实际上它的拉丁原名 De Revolutionibus Orbium Caelestium，指的是"各天球的运行"。

我是个科学家，我没那么了不起
学霸的非典型往事

有对旧时代的天文学宣战的檄文气息，甚至连日心说这个学说，也早在公元前 3 世纪，就由古希腊哲学家阿利斯塔克提出过。哥白尼的革命性，是被一代代的后辈们逐渐加上的：第谷·布拉赫、开普勒、伽利略，最后由牛顿彻底为天体的运行提供了动力学基础。太阳成了宇宙的中心，然后再被进一步的天文学发现所放逐。宇宙的真相逐步展现出来，而揭开真相第一层面纱的那个人，当初并没意识到自己做了什么，就更别说宣战了。

在科学史上，这种后世有意无意强加给前人的"战斗""灵感"和相关标签相当不少。比如从浴缸里跳出来在街上乱跑的阿基米德，或者在梦里看到一条蛇咬着自己的尾巴，从而发现苯分子式的凯库勒……天才们的灵感仿佛从来不会在实验室里产生，而总是在床上、马桶上、各种交通工具上如同闪电一般击中他们。唔，最典型的例子应该得算是牛顿的那只苹果，它才是跟达·芬奇的鸡蛋交相辉映的科学标签呢。

苹果大概是人类历史上最著名的水果[一]：一只红苹果让夏娃擦亮了自己的眼睛，人类因此被赶出了伊甸园；一只金苹果让特洛伊陷入了 10 年的战乱，也为后世留下了不朽的史诗；还有一只苹果，一只我们不知道品种、颜色和口味的苹果，据说正是它砸开了通往万有引力理论的大门，使得年轻的牛顿顿悟了

[一] 这差不多是理所当然的，因为 apple 这个词的古代形式，可以指除了浆果外的几乎所有其他水果。

引力的概念。

为什么苹果会落向地面呢？为什么它没有径直飞向天空？一定有什么力牵引着它，但那又是什么呢？

对已经习惯了经典物理学的现代人来说，这是一连串顺理成章的问题。但别忘了牛顿所处的时代，那会儿正是现代物理学等着被奠基的时候，中世纪的蒙昧刚散去不久，这只苹果算是最早撒在物理学地基上的几锹土之一——那个时候还没有"现代科学"的概念，牛顿和同时代的科学家们，比如哈雷、虎克、惠更斯，都把自己的工作定义为"自然哲学"。牛顿本人最著名的著作《原理》，全称就是《自然哲学的数学原理》(Philosophiæ Naturalis Principia Mathematica)。在 17 世纪中叶从一只落下的苹果想到万有引力，其难度绝对可以与在 20 世纪初从一部自由坠落的电梯想到广义相对论媲美。唯一的区别是，后者是思想实验，并没有在眼前发生。

这个苹果的故事之所以能变得这么妇孺皆知，一大半要归功于大名鼎鼎的伏尔泰。伏尔泰自己不是科学家的材料，虽然他曾经努力过，比如烤焦了许多蔬菜试图找到火的本质，或者剪掉许多蜗牛的头来做研究之类的。但他对科学的主要贡献，还是表现在介绍和鼓吹牛顿的学说上。按照他的说法，"伊萨克·牛顿爵士在他的花园里散步，首次想到了他的引力体系，接着便看见一只苹果从树上掉下"。多有画面感的描述啊，这种

我是个科学家，我没那么了不起
学霸的非典型往事

文笔与其说是出自一位科学家的自述，倒更像是出自一位剧作家之手——比如伏尔泰本人。

嗯，我们姑且忘记在那之前已经有人提出过平方反比的猜测，牛顿完全不需要一只苹果来提示自己这回事儿。伏尔泰的故事是二手的，他从牛顿的侄女巴尔顿夫人那儿听到了这个故事，这位夫人在伦敦上流社会是著名的美女，曾经担任过牛顿的管家。巴尔顿夫人当然是从牛顿本人那儿听到的，但是这只苹果砸到的是 23 岁的牛顿，而他第一次提起它的时候已经 84 岁。后来这故事衍生出许多大同小异的版本，比如看到苹果落地的是少年时代尚未离家去念中学的牛顿；又比如牛顿散步的地方不是在老家林肯郡而是在剑桥；至于这只苹果有没有打到牛顿那颗人类历史上最宝贵又伟大的脑袋，那更是众说纷纭。反正苹果这种东西又不是什么稀罕物件儿，在哪儿看见都不奇怪，在哪儿看见，不都最终要掉下来吗？

按照牛顿本人在晚年对《伊萨克·牛顿爵士生平回忆录》作者的讲述，这棵"牛顿苹果树"应该是生长在牛顿老家的窗外。当然，牛顿旧居的窗外的确有这么一棵老树。虽然一般苹果树的寿命不会超过 100 年，但是没有关系，根据有关学者的研究，这棵苹果树已经在那里生长了 350 多年，研究的成果还堂而皇之地发表在了《当代物理学杂志》上。别奇怪，英国人民对这棵苹果树那是非常认真的，考证它的论文和专著加起来起码一万多篇。考证的结果是这棵树在 1820 年（距离 1666 年已经 154 年）被暴风雨刮倒断成好几段之后，在原地自我扦插，再经历了风风雨雨后一直活到如今（又过了 100 多年）。不管你相不相信，反正英国人民是相信了，而且世界人民也都相当捧场，纷纷扦插来自这棵苹果树的树苗，世界各地的大学校园里都有它的子孙后代，全都跟纯血猫狗一样附有血统证明书——这不比林妹妹的洒脱，"天下的水总归一源，不拘那里的水舀一碗看着哭去，也就尽情了"，英国人比较讲究传统和血统，牛顿苹果树就必须是"那一棵"苹果树才行。至于究竟是不是真的"那一棵"苹果树，说实话，这很重要吗？

　　没关系的，有故事就行。

匈牙利的火星人

在 19 世纪的最后 30 年和 20 世纪的最初 10 年，匈牙利的布达佩斯堪称是全欧洲经济发展最快的地方。这个城市由华丽的宫殿山城布达和沼泽地区佩斯组成，有着当时欧洲最大的证券交易所和世界上最雄伟的议会大厦，拥有欧洲第一条电力地铁，在全欧洲率先使用电车，简直是一幅飞奔进入现代化的景象。这里奉行的是最完善的精英教育制度，跟前面被我们鄙视过的印度殖民地时代的僵化教育制度完全不同，匈牙利的教育关心天才，而且几乎只关心天才，10% 的精英儿童能够得到最好、最精心、最完善的培养，其他的 90%……谁在乎呢？

这是真正的黄金年代，短短几十年间，天才儿童简直是井喷一般地出现，传记作家说"布达佩斯的妇产医院犹如汽车装配流水线一样生产出一批批的天才"，光是在 1875～1905 年的

30 年间,就有六位诺贝尔奖得主在这个城市出生,这还不包括一大堆的天才数学家和艺术家。这批人因为随后的战乱而散布到世界各国,在数学、医学、科学、技术、音乐、艺术和经济方面改变了世界。这也就难怪当时世界人民都觉得:你们这帮匈牙利人其实是从火星来的,肩负着统治地球科学界的使命吧?

据说后来"氢弹之父"爱德华·特勒抵达美国的时候,真的有人问过他这个问题。特勒也是个挺有幽默感的家伙,立刻显露出忧虑的神情,磨着牙说:"是冯·卡门⊖泄密的,对吧!"

在这批"匈牙利的火星人"里,最光彩夺目的一位必然是被称为现代计算机创始人之一的约翰·冯·诺伊曼,许多人认为他是数学领域里最聪明的人。冯·诺伊曼一辈子干过许多不像是地球人干的事儿,要说其中最奇特的、换了别人一定干不出的一件,我觉得大概应该算是他同时注册成为苏黎世联邦理工学院、柏林大学和布达佩斯大学三所高等学府的学生,分别攻读了化学工程的本科和数学博士学位,而且最终全都顺利毕业了吧。

跟爱因斯坦一样,冯·诺伊曼在苏黎世理工学院的成绩也并非顶尖。他来自一个务实的银行家家庭,选择化学工程的原

⊖ 匈牙利这批"火星人"里最年长的一位,也是最早一批到美国的,被称为空气动力学之父,创建了喷气推进实验室,是钱学森的恩师。

因特别接地气："有备无患,好找工作啊。"当时的那批"火星人"里,绝大多数和他做出了同样的选择,但最后好像也没有谁真去搞化工(当然,更大的可能是真搞化工的那些变成了真正的地球人而没被我们发现)。不过冯·诺伊曼在苏黎世理工学院也是有一项纪录的:实验室玻璃器皿的赔偿纪录。原因大概是他太过珍惜自己的时间,经常保持多线程的思考,以至于做实验的时候总是显得心不在焉(这里必须多说一句,危险动作请勿模仿,智商低于 200 的人千万不要养成这样的习惯,咱还是朴素地专注于手上正在做的事就好)。这种多线程工作的习惯甚至发展到了开车的时候——这家伙简直是危险驾驶的典型,一边开车一边分神思考问题,有时候还会在方向盘前放本书。幸好那个时候汽车还算是个稀罕东西,路上车少,不过即便是这样,糟糕的驾驶习惯还是带来了不幸:终于有一次,他开着车撞到了树上,冯·诺伊曼本人那宝贵的大脑毫发无伤,但他美丽的太太撞断了鼻梁,从此觉得自己破了相,夫妻俩没多久就离婚了,这是后话。

在苏黎世,化工专业的本科生冯·诺伊曼同学还有一个兼职,那就是在数学教授外尔偶尔外出的时候帮他代(数学系的)数学课。同时代课的另一位数学教授还讲过这么一个故事:他本人在讲课的时候提到一个问题,告诉同学们"这个问题还没有得到解决",然后在这节课快要下课的时候,冯·诺伊曼走上讲台，解决了这个问题。早在拿到数学博士学位之前，不，应该说，早在上大学之前，他就已经是一名出色的数学家了。

毋庸置疑，冯·诺伊曼是个神童，而且是个异常幸运的神童。一方面，家庭气氛轻松，从没给他施加过必须成为天才的压力，而富裕的家境也使得他能够接受到最好的教育；另一方面，当时匈牙利的教育制度简直太适合他了，根据传统，当一名中学教师发现自己班上的某个孩子天赋异禀，立刻就会把他引荐给合适的大学教授，实行因材施教的培养。这种制度可能无益于整个民族教育程度的提高，但却能最大限度地成就大师。甚至当初看来有些陈旧而无用的科目也在后来被证明发挥了很大的用途：按照冯·诺伊曼自己的说法，拉丁文那极其严谨而富于逻辑性的文法，对他后来用数字来编码计算机的时候起了很大的帮助。

许多神童因为少年得志，有时候容易显得咄咄逼人，冯·诺伊曼从不这样，他倒是时常显得像个土包子。这大概是因为他不愿意把时间浪费在磨炼人际关系的技巧上，干脆尽量回避一切冲突，招牌对策是一旦觉得气氛不佳就扯开话题讲低俗段子，而且英语、德语和法语三种语言运用自如，讲不雅笑话的本事简直可以和他的数学才能相媲美。并且他还修炼有一门关闭耳朵的绝技，只要对哪个讲座的内容不感兴趣，就可以一边充耳不闻地思考自己的事儿，一边显出一副正在认真聆听的模

我是个科学家，我没那么了不起
学霸的非典型往事
————

样。这项绝妙的技能成功地持续了很久，直到有一次他开小差开得太厉害，"礼貌而全神贯注地"在空荡荡的大教室里坐了半天，才被同事戳穿。相对地，就算是明知讲台上的演讲人讲的东西毫无价值，他也不会起来踢场子难为人家，顶多表示"这是真理的拓扑学版本"——数学家的黑话真是够了，前面这句充满内涵的话语翻译过来只有两个字：瞎说。

不过冯·诺伊曼也破天荒踢过一回别人的馆，那是因为被戳到了逆鳞。有位来访的教授向大家介绍口试学生的"先进经验"，说要知道学生的程度，最方便的办法就是提出一个明知道无解的问题去刁难他，如果这个学生立刻回答"这个问题是无解的"，那么还算是可造之才，如果反应迟钝，那就挂掉他算啦。这种策略显然有违冯·诺伊曼一贯的做人原则，所以当这位教授得意扬扬地举出一道他常用的"无解问题"来推荐给大家的时候，冯·诺伊曼露出他那招牌的放空表情，盯着天花板喃喃自语了几分钟，起身就把这问题的解写到了黑板上。

这种堪称人形电脑的心算能力好像是"火星人"的种族天赋，不单冯·诺伊曼独自拥有，不过反正他是最出名的。特别是后来因为他被军方当作疑难杂症粉碎机，忙得脚不点地地到处解决问题，他的一天被掰成48个小时来用。当时，随便哪个地方的科学团体一听说冯·诺伊曼要来拜访，首要的准备都是把遇到的高等数学问题整理出来，"靶场里的靶子已经排好，专等冯·诺伊曼一枪一个放倒在地"。类似这样的段子层出不穷，比如有一次，兰德公司㊀遇到了一个他们的计算机没法搞定的数学问题，派了个科学家跑来咨询冯·诺伊曼博士，想知道这边的计算机有没有办法。按照这位科学家后来的回忆，他在黑板上连写带画地折腾了两个小时才把他们的问题解释清楚，随后就见冯·诺伊曼双目无神地放空了大概两三分钟。等到他再开口说话的时候，已经是"先生们，不用计算机，答案我有了"。

又比如有一次，冯·诺伊曼和特勒一起搭小飞机从洛斯阿拉莫斯基地㊁前往火车站。当时人有点多，他们俩坐了第二架，结果在飞行的途中，前面那架飞机上有人的围巾从窗口飞了出来。大家立刻紧张起来，因为万一围巾卷到了后面飞机的螺旋桨，就会导致飞机失事。幸好两架飞机最终都平安无事地降落了，人们马上把刚才的惊险事件告诉了冯·诺伊曼。而在机上的两位"火星人"刚才在认真地讨论问题，完全没注意到这条在空中飞舞的围巾，不过稍微回忆了一下当时的高度和速度，冯·诺伊曼就当场报出了围巾撞上螺旋桨的概率，安慰大家说刚才根本不必担心。事后经过计算机验证，他说的概率（当然）是完全正确的。

㊀ 为美国军方服务的一个智库。
㊁ 美国成立于"二战"期间的承担核武器设计工作的实验室，就是后文"曼哈顿计划"的学霸们生活和战斗的地方。

我是个科学家，我没那么了不起
学霸的非典型往事

不过关于这位学霸最著名的故事还是那道"苍蝇问题"。这其实是一道脑筋急转弯题，凡是不幸（或有幸，端看你喜不喜欢）在假期上过奥数班的读者 100% 遇到过这道题目，虽然具体数字可能有所变化：A、B 两地相距 32 千米，甲、乙两个人骑着自行车各自从 A、B 出发，以 16 千米/小时的速度相向而行，一只苍蝇以 24 千米/小时的速度在两辆自行车之间不断往返，问它被自行车前轮挤扁之前一共飞行了多少路程？

很显然，反正苍蝇就是一直在以匀速飞行，只要算一下它一共飞了多久，也就是甲和乙两个人需要多久才能相遇，就能知道这道题的答案。不过有意思的是，数学家们往往会掉进描述的陷阱，去计算苍蝇每一段往返的距离，然后再把它们加起来。把这个问题拿去考冯·诺伊曼的人大概期待的也是这种反应，不过冯·诺伊曼站在那里，手里端着酒杯（当时是在一次鸡尾酒会上闲聊），把身体的重心从左脚换到右脚，再从右脚换到左脚，随后就报出了答案："24 千米。"

出题的那位难免失望，觉得"你一定听说过那个偷懒的解法"。结果这回换冯·诺伊曼纳闷了："什么？我只是做了一个无穷数列的加法而已呀。"

作为"火星人"里的领军人物，冯·诺伊曼是最早一批来到美国的匈牙利天才之一。1933 年，普林斯顿高等研究院向他发出了邀请。这所研究院的初衷是高薪雇用少数几位最精英的首席教授,让他们不用把时间花在繁文缛节和常规教学上,从而有充足的时间进行思考。第一批首席教授的年薪是 10000 ~ 16000 美元,这在当时可是一笔大钱,全世界的教授对这份薪水的反应嘛,大致说来差不多都是这样的:

这个小破研究院既没有传统也没有基础,根本就是一个诱惑极少数财迷学者走进学术生涯死胡同的养老院嘛!什么?10000 美元?它还没有实验室?不必带学生?……对于这样的职位,我只想说一句话:请务必考虑我!

不过当时的普林斯顿研究院只考虑了寥寥几个人选,冯·诺伊曼接受了 10000 美元年薪的邀请,提出的附带条件是研究院要聘请他的朋友维格纳为兼职教授。几个月后他申请加入美国国籍,随后他的许多科学家同胞也提出了同样的申请。这是因为希特勒提出了一项匪夷所思的法令——作为国家机构的大学里,文职人员必须是所谓的雅利安人后裔,其他族裔的人员一律不予接受。这种"种族歧视"非但毫无道理,而且子虚乌有——历史上真正的雅利安人后裔其实正是希特勒梦想消灭的斯拉夫民族,所谓"金发碧眼才是雅利安人"只是野心家为了种族清洗编造的借口而已。大概有 1600 名杰出的人才因此失去了工作,其中有十几位后来在 1945 年参与了原子弹的研制。这中间就有四位"匈牙利的火星人",他们原本是因为动乱而从匈牙利来到德国避难,却又被希特勒赶去了美国:约

我是个科学家,我没那么了不起
学霸的非典型往事

翰·冯·诺伊曼、尤金·维格纳、爱德华·特勒和利奥·西拉。不过这四位"火星人"的个性可完全是两个极端,冯·诺伊曼和维格纳温和厚道,特勒和西拉则特别擅长得罪人,尤其是西拉,据说是"任何一个老板都会解雇他"。说起来西拉㊀可也真是一位奇人,他是爱因斯坦最得意的学生,链式反应的发现者,和费米一起建立了世界上第一个原子反应堆,却是一个彻头彻尾的和平主义者。首先向美国总统写信呼吁必须抢在希特勒之前研制出原子弹的是他,后来强烈建议原子弹只能作为威慑和演示,试图阻止它的实际使用的也是他。在广岛核爆之后,他心灰意冷,扭头转去了生物学领域。这位学霸永远比别人超前,不是一步,而是两步,所以老是显得那么的不合时宜。后来因为发现 DNA 的双螺旋结构而获得诺贝尔奖的沃森坚持认为,西拉才是史上最聪明的学霸。"火星人"这个说法据说最早也是西拉说的,那是对费米的回答——费米曾经认真思考过关于外星人的问题,认为银河系里几乎是必然存在高等级文明:"如果真的是这样,那他们一定已经在地球登陆了,他们在哪儿?"西拉回答他:"他们自称匈牙利人。"

西拉后来在研究之余写了不少科幻小说,其中有这么一个

㊀ 据说西拉还有一个怪癖,那就是上完厕所不冲水。好像正是因为这一点,他的朋友乔治·克莱因才得以发现了他患有膀胱癌。

故事：一艘来自火星的飞船在 1900 年左右登陆布达佩斯，不久之后又离开了地球。但是由于超载，只好把其中最缺乏才华的一些人留在了匈牙利。

看来，这些留在地球上的"火星人"，后来各自选择了不同的生活方式。有的人定居某个国家，并为这个国家的安全和利益而努力，哪怕必须为此发动战争也在所不惜（特勒是这一类）；有的人关心的是整个人类，致力于拯救地球（西拉是这一类）；还有的人居无定所，从来不在同一个地方逗留超过一个星期，对凡俗的物质生活既不需要，也不关心，他实际上居住在数字的世界，其他的一切对他来说，都没有意义。

最后这位"火星人"入乡随俗地也有个地球名字，叫作保罗·爱多士。他是史上发表论文最多的数学家，居无定所又仗义疏财，是一位热爱咖啡和非法提神小药丸的怪才。不过他好像从来没能学会像一个真正的地球人那样生活，不管是作息、饮食还是沟通技巧。他常常会在半夜三点打电话跟人讨论数学问题，为的只是"这个时间你一定在家"（真是难以反驳）；也会把番茄汁洒得到处都是，让厨房看起来像是凶案现场，而原因仅仅是他不知道打开了的盒装果汁不能再横放；他直到 11 岁离家才开始学着自己系鞋带，在食堂里模仿着同学的模样给自己的面包抹黄油，"幸好还不是太难学"；他一辈子身无长物，兜里往往只有几块钱，全部的财产就是随身的小手提箱，可是贴身衣物必须全都是真丝的，因为皮肤敏感。可是即便他到处蹭住蹭吃，给朋友惹麻烦，把别人的作息和日常生活搅得一团糟，但谁都不讨厌他。

和冯·诺伊曼一样，爱多士也有着惊人的心算能力，从3岁起，他就在家里的访客面前表演四位数乘法"作为消遣"。不过他的计算能力好像和冯·诺伊曼又有所不同，后者的迅速是因为脑子里装满了各种代数表达方式，仿佛真的是一台装好了软件的电脑，而这种层次分明的大脑所付出的代价是在特别擅长拓展概念、记忆文字和运行数学的同时，损失了影像记忆的能力——是的，近乎全知全能的冯·诺伊曼先生，他是一个记忆力超群的脸盲症患者。而爱多士的迅速则纯粹是因为他对数字无比的亲近和敏感，一切的信息，不管是图像、文章还是事件，只要和数学有关，就井井有条地存储在他的大脑里（他不擅长的是记忆名字）。爱多士可以在交谈中随口指出，对方正在试图证明的某个结论已经作为定理发表在某年某个名不见经传的俄文杂志上，也可以在见到一位同行之后，立即开始两年前中断的（关于数学的）谈话。这种记忆力在与数学相关的一切事情上有效，不过对他来说，一切事情也大都恰好与数学相关，比如他最好的两位朋友（也是一对数学家）的婚礼，"我记得婚礼那一天，"爱多士说，"正好是我听说有人部分证明了哥德巴赫

成名篇

猜想[⊖]的第二天。"数学就是这位人形超级电脑的服务器索引,象征和指导着整个世界。

爱多士有个口头禅:"我年纪大了。"考虑到他活了83岁,直到1996年才离开人世,喜欢这么说似乎无可厚非,不过他把这话挂在嘴上时甚至还没真正成年!对一个3岁就能心算出一个人一辈子活过多少秒的人来说,对时间流逝的感受大概和我们确实是不一样的。爱多士从17岁开始发表论文,一生的论文、专著和文章接近1500篇,多数时候每年还有几千封数学通信,写过的字数比前面无所不写的罗素还要多。到他真的"年纪大了"的时候——50多岁时他在自己名字前加了个前缀:PGOM,意思是"可怜的伟大老人",60岁时又加上两个字母,变成"可怜的伟大老人、活死人",65岁时再添上两个字母,代表"考古发现",70岁时加上"法定的死人",到了75岁的时候,这个漫长的前缀变成了"可怜的伟大老人、活死人、考

⊖ 1742年6月7日,普鲁士数学家克里斯蒂安·哥德巴赫在写给瑞士数学家莱昂哈德·欧拉的通信中,提出了以下的猜想:任一大于2的整数都可以写成三个质数之和。后来欧拉又提出这一猜想的另一等价版本:任一大于2的偶数都可写成两个质数之和。欧拉将此猜想视为定理,但是却无法证明,成为数论中存在最久的未解问题之一。前面所述为关于偶数的哥德巴赫猜想,如果这一猜想是对的,那么关于奇数的哥德巴赫猜想也必是对的:任一大于5的奇数都可写成三个素数之和。

古发现、法定的和屈指可数的死人"。即便那时候他仍然是当时世界上最多产的数学家之一,在全世界飞来飞去,四处和不同的数学家一起讨论问题,只是开始喜欢用这样的话来结束一天的工作:"我们明天继续讨论……如果到时候我还活着的话。"

对一个在4岁时就意识到自己会死的小男孩来说,随后的这80年可真够漫长的。但大概正是这种面对死亡的紧迫感,让他变成了一个超级工作狂,平均每天只睡三个钟头,清醒时的绝大部分时间(假如不是全部的话)都用在了思考上。爱多士特别喜欢把数学家比作是"这头喝进黑咖啡,那头吐出定理的一台机器",每天喝下的浓咖啡足以让一个正常人犯心脏病。他珍惜时间到了这样的地步:晚年时爱多士有一只眼睛快要失明了,在朋友们的帮助下他好不容易等到了一个可以移植的角膜,可是他对手术的安排非常不满意,因为手术期间他居然不能用另一只好眼睛读东西!这大概是有史以来第一次,患者和主刀医生因为这样的原因陷入僵持。而最后不得不让步的却是医院,医生打电话给最近的大学——孟菲斯大学数学系,请他们火速派一位数学教授过来,以便在手术期间与爱多士讨论问题。数学系立刻答应了这一请求,手术这才得以进行。

对任何一家医院来说,爱多士这样的病人大概都得算是个噩梦:哪怕是在病房里,也有数学家们排着队进进出出。病房里通常有三个小组,一组人讲英语,一组人讲德语,一组人讲匈牙利语，躺在病床上的那个家伙同时和这三组人讨论数学问题，在问题和语言之间无缝切换。医生查房的时候会被他轰开："忙着呢！"这种无视现实的态度跟他的同胞冯·诺伊曼可真是有天壤之别。仔细想来，大概是因为一个是纯粹的数学家，而另一个是应用数学乃至物理学家吧。关于这两者之间的差别，有美国数学学会大会上的这么一个场面为证：

那是爱多士刚刚去世之后的第一个冬天，召开会议的大楼楼道里还贴着他的讣告。他给自己拟的墓志铭是"我终于不会越变越蠢了"。在不同的房间里，各位数学家在做着不同主题的报告。然后茶歇时间到了，人们鱼贯而出，来到盛放饮料的大桶边。桌子上有一大一小两只饮料桶和两个标签："含咖啡因"和"不含咖啡因"，遗憾的是标签被弄掉了，不知道它们各自对应的是哪只桶。数学家们陷入思考，第一位拿了杯子，从两只桶里各取了半杯，这是博弈论的解法；第二位则随便从一只桶里倒了 1/4 杯，"非对称解。"他宣布道，"反正我只需要喝一小口，不管有没有咖啡因都无所谓。"

这时，旁边的物理学家开口了："很明显，需要咖啡因的人比不需要的人多，所以大桶里的饮料是含咖啡因的，不是吗？"

嘿嘿，你是数学家，还是物理学家呢？

我是个科学家，我没那么了不起
学霸的非典型往事

生 活 篇

浮云名利方自在

学霸也是人,他们也有自己的生活,只不过他们的生活重心可能与我们不同,关注的事物也大不一样。不少学霸都充满了视名利如浮云的气质,对他们来说,除了工作之外什么都不重要。不过仔细探究起来,这样的学霸们又可以分为两类,一类是不关心名利,另一类呢,是不需要关心名利。

有的人选择不把工作的成果据为己有,是因为他们认为这样的发现是全人类的财富。比如居里夫妇在发现镭之后,就特意没有把镭分离法拿来申请专利。因为当时人们很快就发现放射疗法对肿瘤有奇效,如果把分离放射性元素的方法拿来申请专利,就会让这种疗法变得非常昂贵,而且后续的研究也会变得很艰难。

当时的居里夫妇其实很缺钱:他们连个实验室都没有,过去几年一直是在一个漏雨的破棚子里做实验,请不起技师和工人，连翻矿渣这种力气活儿都是居里夫人亲自做的。棚子里的温度跟室外没啥区别，冬天差不多跟冰窖一样——别看巴黎号称"花都"，没暖气的冬天是非常难熬的，要知道这地方的纬度可是比咱东北的沈阳还要高不少！居里先生最初在理化学校授课，每年要完成 120 小时的教学任务，外加指导实验，月薪 500 法郎⊖。后来两人添了女儿，多了一笔开销，于是先生换了个薪水高点儿、当然也更忙的工作，夫人也在女子高等师范学校找到了一份教职，两人加起来一个月收入 3000 多法郎，算是收支勉强可以平衡。但是后来镭的价格是多少呢？1 克镭价值 75 万法郎！不过这二位做决定的时候没怎么纠结，因为借助科学发现来谋利对他们来说"违背科学精神"。虽然他们两位在当时其实都已经积劳成疾（后来诺贝尔奖的 7 万法郎奖金真是雪中送炭），但是不应该拿的钱，那就不能拿。君子爱财，取之有道嘛。

有的人享受的是发现过程中的快乐，对发现能给自己带来什么回报却不怎么关心。比如一贯以活泼热闹不靠谱的形象出现在人们心目中的理查德·费曼，他学识渊博、涉猎广泛，对什么都兴趣盎然，每一秒钟都可以轻松地从一个问题转向另一个问题。他总是非常乐意跟任何愿意听他解释的人分享自己的

⊖ 那时候法郎已经大肆贬值，跟高斯被敲诈的时候不可同日而语了。

思想（正在思考的时候除外，那时他会简单干脆地告诉走进他办公室的人"出去"），但是他平生最怵的就是把发现的成果写成论文这件事，有时候非得把他反锁到房间里他才肯乖乖动笔：一是因为按照规范的格式撰写学术论文真的是个索然无味的活儿，二是写"符合语法的英文"可实在是太不符合他的性格了——对，费曼考研究生的时候也差点挂在英语上，普林斯顿大学的研究生院好生犯了一回难，他们从没招过英语和历史分数这么低的研究生。要不是物理满分，费曼的博士恐怕要悬。前面说过他在选修哲学课时候的各种烦恼，其实也跟他语文不大好关系很大。至于著名的《费曼物理学讲义》，那个平易又流畅的行文可不是他的功劳，而是根据他在加州理工讲课时的录音整理成文的，编辑在其中有很大的功劳。对物理有兴趣的同学不妨利用这套书来学习英语，可以很方便地一举两得。《费曼物理学讲义》可能是全世界最受欢迎的物理学教材，在这个世界上光各种语言的盗版应该就超过了一千万册，不过费曼完全不介意，因为他本来就在这本书里得不到半毛钱收益。这是因为这本讲义的版权属于学校，所以他一点儿都不操心。

  还有的人呢，纯粹就是对金钱没有概念。关心它干啥？有饭吃有床睡就足够了，反正讨论数学只需要纸和铅笔嘛。也对，对一个"火星人"来说，地球上的货币有啥意义——没错，爱多士就是这么一个根本没有金钱概念的人，兜里从来留不住钱，

生活篇

只要拿到点儿津贴或者酬劳就拿去接济更困难的年轻人。在路上只要看到一个无家可归的人,他都会给人家一点儿钱,结果是自己的衣兜里从来没超过 30 块钱。有一年他在伦敦大学学院[一]讲学,第一个月的工资刚发下来,出门的时候有个乞丐向他讨一杯茶钱,结果爱多士掏出衣兜里的钱看了看,留下了一个月的生活费,剩下的一股脑儿都给了这个乞丐。凡是他听说一件自己觉得有意义的事儿,他总会给人家寄点钱,只要知道哪里有个喜爱数学的年轻人因为付不出学费而犯愁,他也是能帮就帮。爱多士这辈子手里拿到过的最大一笔钱是 720 美元,不过这笔钱原本是 5 万,那是他获得的沃尔夫奖奖金,不过他转手就捐给了以他父母名义设立的一项奖学金,给自己就留了几百块。反正他完全没有不动产,也没有真正意义上的家,拎着两只箱子到处漂泊,箱子里除了手稿之外没半样值钱的东西。

有些人不需要关心名利,是因为他早就已经太有名了。比如沃尔夫冈·泡利,不少人认为他是有史以来最聪明的物理学家(虽然他的聪明和他所做出的成就可能有些不成正比),但他就是个对名利不感冒的人:名气什么的也是有边际效应的,到

[一] 这不是咱现在大学里的学院,它就是一个大学,学校的名字就叫"伦敦大学",它创建于 1826 年,一直以来与牛津大学、剑桥大学、帝国理工学院和伦敦政经学院一起并称为 G5 超级精英大学和金三角名校。

我是个科学家，我没那么了不起
学霸的非典型往事

达一定程度之后再增加也没什么意思。泡利少年得志，差不多从 20 岁开始就名满天下，走到哪里人家都得认认真真听他的意见，名气早就到头儿了。

如果科学也有血统的话，那么就"科学血统"而言，身为物理学家的泡利堪称是最纯血的贵族。他的中名"恩斯特"来自他的教父恩斯特·马赫[一]；中学同班同学里有一位诺贝尔奖得主：1938 年获得诺贝尔化学奖的里夏德·库恩；大学同班同学里也有一位诺贝尔奖得主：大名鼎鼎的海森堡。他的导师们也不含糊：博士生导师是阿诺德·索末菲[二]；毕业之后他去哥廷根工作了一年，跟的老板是马克斯·玻恩。随后泡利先生来到哥本哈根，那个时候的尼尔斯·玻尔理论物理研究所，简直是间一流物理学家的量产工厂，号称是"物理学界的朝拜圣地"。以尼尔斯·玻尔为首，著名的"哥本哈根学派"包括了玻恩、海森堡、约尔丹、泡利、罗森菲尔德、福克、朗道，还包括不在哥本哈根，但在学术上一脉相承的狄拉克、德布罗意、德拜、

[一] 对马赫数有印象吗？嗯，这个表示速度的量词就是因这位先生而得名的，他被爱因斯坦称为"相对论的先驱"，虽然他本人声称一点儿也不相信相对论。

[二] 就是"索末菲线系"的那个索末菲，他可是量子力学与原子物理学的开山鼻祖之一，他还是目前为止教导过最多诺贝尔物理学奖得主的人之一。

考斯特等人。

嗯，每次看到这串名字吧，我都会想起这么一个故事：传说当年苏洵和王安石两个老头还不是老头的时候，有一次相聚小酌，多喝了几杯之后王安石就开始吹嘘自家儿子有多么过目不忘，读书只读一遍就能倒背如流。苏老泉那会儿显然也喝高了，没顾得上体谅上司的虚荣心，张口答了一句："谁家儿子读两遍！"当年哥本哈根的星光熠熠，跟苏家那对儿子差不多，可以一言以蔽之：谁没拿过诺贝尔奖！

天才和天才也是有差别的，正如无穷大量也有大小之分一样。按照后来玻恩的说法，泡利算得上是所有物理学家里最聪明的一个，他甚至认为泡利比爱因斯坦还要有天赋，当然他也承认泡利不可能像爱因斯坦那么伟大。泡利本人最杰出的天赋是他无与伦比的洞察力。比如当年刚和海森堡认识的时候，海森堡想要做相对论方面的工作，泡利就告诉他："相对论方面近期没啥进展的可能，原子物理方面倒是大有机会。"后续的发展也就不用多说了。大概正因为如此，海森堡一直对这个好朋友言听计从，后来养成了习惯，只要有什么新发现就写信来问计于泡利。后来，泡利和海森堡这对好朋友的相处模式基本上是这样的：海森堡有了什么新想法，就写信告诉泡利。倘若泡利觉得有戏，他就继续研究下去；要是泡利泼了冷水，海森堡就放手不理这个问题了。

我是个科学家，我没那么了不起
学霸的非典型往事
———

在因特网时代之前的欧洲，知识分子之间的交流主要是通过书信。和我们通常的看法可能有所不同，那个时代的书信往来是非常快捷的，不管身处欧洲的哪一个角落，只要凭借通信和杂志就能保证自己获得最新的相关领域研究信息。甚至从伽利略时代就是如此，伽利略利用通信和那个时代欧洲所有的大知识分子保持联系，并且总是能够立刻获悉最新的发现。相比现在，通过网络获取信息当然更为方便和迅捷，但人的精力不足以应付海量信息的轰炸，因此过量的信息实际上是无意义的，反而还需要花费时间和精力来进行判断和筛选。从这个意义上来说，20世纪二三十年代的信息量和传递速度也许恰好处于平衡，科学家们通常能获取足够的最新信息。翻翻那个时代科学大家们的书信集，现代人会惊诧于他们通信之频繁、信件之言之有物。多少伟大的理论就是这样在一封封书信里渐渐琢磨成形的，当然也还有许多理论埋没在卷帙浩繁的故纸堆中，没能拿出来发表。泡利本人就经常这么干，把灵感和想法在信件里随便一提，对方是要继续研究也好，看过便罢也好，都不关他的事。假如后来有了成果，成果有没有被算到自己名下，这位先生更是漠不关心。对他来说，在提出这些想法的时候已经享受到了应有的乐趣，至于后续如何，反正该出现的理论出现了，其他的事情并不重要。比如，不确定性原理其实首先出现在泡利写给海森堡的信里；关于矩阵力学和波动力学的等价性证明写在他给约尔丹的信里；关于狄拉克的泊松括号量子化嘛，泡利也早在克莱默独立发现这种对易关系之前就指出了表示方法。至于还有多少未曾发表的工作遗留在私人信件里，那恐怕只有泡利先生本人才知道了。

另外还有些人呢，不关心名利，可能是因为反正钱也已经多到花不完了。虽然我们老是听到科学家怀才不遇穷困潦倒的故事，甚至网络上看到报道科学家穿件名牌衣服、开辆好车，说不定都会引起一番大讨论，但是学霸和穷人这俩词儿可绝不是天生就该连在一起的。按照心理学家的说法，人类对事物的刻板印象是大脑为了节省认知资源而进化出的功能，所以我们一看到胖子就联想到懒惰，一看到美人就联想到无脑，一看到"富二代"就是妥妥的不学无术，好像智慧和财富绝对不可以兼得一样。实际上，科学研究是特别花钱的一件事儿，要是自己有钱，那肯定是比没钱更有条件去搞科学的呀。

把历史上的科学大师按照财富排序，高居榜首的多半是亨利·卡文迪许阁下——什么？你问我怎么判定一个人是不是大师？有个最简单的办法，翻开中学数理化教科书，出现过的人名有一个算一个，按出现次数多少排序，然后如果你愿意的话，还可以根据个人原因调整一下顺序。比如我就是个粗心大意的家伙，每次一做精细实验必须返工无数次，大学时代经常被实验老师批评，所以我对卡文迪许就特别佩服。看看人家干的都

我是个科学家，我没那么了不起
学霸的非典型往事
————

是什么精细活儿：测量空气的成分，测量地球的密度，测量万有引力常数，所有这些都是在 200 多年前的实验条件下完成的，精度惊人，更重要的是既迈出了认识世界的重要一步，又基本没给后世的中小学生添麻烦（顶多一道填空题，是吧），这是何等的境界！卡文迪许是位"真·贵族"，英国人喜欢用"蓝血"来形容贵族血统，这么算起来他的血流出来恐怕蓝得跟外星人差不多：他的传记作者一开篇啥也没讲，先用了整整 14 页详细分析他家从 14 世纪开始的家谱，大概跟咱们的"清河崔氏""琅琊王氏"一个级别。亨利·卡文迪许的祖父是德文郡公爵，外祖父是肯特公爵，所以虽然他本人没有爵位，但英语里提到他的时候永远在前面加一个"Hon."头衔，大致是个相当于"阁下"的尊称。法国人评价这位阁下是"科学家里最有钱的，有钱人里最懂科学的"。鉴于法兰西科学院长期跟英国皇家学会各种掐架，从法国人嘴里说出来的任何针对英国人的好话都值得不打折扣地相信。这位阁下有钱到什么程度呢？1810 年他去世的时候，身后留下了长期资产 70 万镑，不动产投资回报每年 8000 镑，存款 5 万镑。反正他做各种实验、买各种仪器从来没愁过开销，光是这一点大概就能让 90% 的实验室羡慕嫉妒恨到五体投地。所以卡文迪许阁下深居简出、沉默寡言，由于不愿意在皇家学会上当众宣读论文，连论文也懒得发表了：有研究做就好嘛，至于名声什么的，不重要的。

生活篇

最后还有一类人,他倒并不是真的和名利绝缘,只是对现如今流行的这种以金钱来代表认可的方式非常不认同,于是干脆就拒绝接受奖金。至于采访嘛,这个世界上能够明白他工作的人不超过两位数,其中绝对不包括任何的记者,既然如此,跟记者做无聊又无效的交流,纯粹就是浪费他宝贵的时间。

要说起来,数学界真是从古到今都不缺古怪而伟大的天才儿童。和一生合作伙伴遍天下、最喜欢到处帮助后辈、跟 400 多个人合作过论文的"数学伯乐"爱多士相比,格利高里·佩雷尔曼简直就是位于人际光谱另一端的"数学隐士"。他的母亲原本也是位很有天分的数学家,因为结婚生子而没有继续深造。她发现自己的儿子很有数学天分,就给他找了一位合适的教练(在苏联遗留下来的体系里,竞赛数学其实跟竞技体育很相似,它也有教练、俱乐部、专门的学校、赛季和比赛)。苏联对于竞赛数学的培养体制是很完备的,这一点也不奇怪,因为数学奥赛其实就是从这里发端的。总之,佩雷尔曼找到的这位教练非常传奇,他当时还是初出茅庐,但接下来的 20 年里,他的学生获得了 40 多块国际数学奥赛的金牌;第一块当然就是由佩雷尔曼获得的,同时还创下了史上最年轻满分纪录。回忆起这位最独一无二的学生,教练印象最深的除了天赋之外,还有他对数学极端的较真:有一次参加选拔赛,当时的规则是选手解出一道题后举手告诉裁判,两个裁判带着他到另一个房间单独听他

> 我是个科学家，我没那么了不起
> **学霸的非典型往事**

的解答，对他的解题质量做出判断，然后选手回到考场继续答题。佩雷尔曼向裁判说明了一道题的解法，裁判点头告诉他没错，正要离开的时候被他一把抓住了。

"等一下！这个问题还有另外三个可能的结果呢！"

这种极端的较真影响了他一生。一方面，这促成了他对数学的绝对专注和精确——同行们后来最为惊讶的一件事，并不是佩雷尔曼解决了为难大家上百年的"庞加莱猜想"㊀难题，而是"佩雷尔曼从不犯错"。他不提供"半成品"和"赝品"的解答，从数学竞赛选手时代起就是如此。当然，由于对数学的专注，他也不会把注意力放在任何被他判断为"对数学没有帮助"的事物上，这些事物包括但不限于洗澡、理发、剪指甲、美食和恋爱。后面这部分让世人把他看作是个怪胎，不过没关系，他反正也没有关心过世人的看法，他们和数学没有关系嘛。

另一方面，绝对的专注和精确导致了绝对的诚实。他不开

㊀ 1904 年，法国数学家亨利·庞加莱在他的论文中提出了一个拓扑学的猜想：任一单连通的、封闭的三维流形与三维球面同胚。简单地说，一个封闭的三维流形就是一个没有边界的三维空间；单连通就是这个空间中每条封闭的曲线都可以继续地收缩成一点。2006 年，该猜想确认由佩雷尔曼完成最终证明，他因此而获得同年的菲尔兹奖，但他并未现身领奖。

口则已,一旦发表意见,必定会给出全部的准确信息。他不但自己严格遵守这条法则,还要求同行们也同样遵守。遗憾的是,很少有人能像他一样,在现实世界中和数学世界中一样绝对纯粹。即便是数学家,他们中的绝大多数人也有许多分心的事情:职位、名誉、家庭、财产以及多多少少的一些业余爱好,偶尔还会有一些争名夺利和互相猜忌,一些耽于享受和故步自封。毕竟,大家都活在三次元嘛。佩雷尔曼对这一切感到失望,当他觉得数学界已经失去了自己所期待的简单和纯粹之后,就干脆地远离了这个地方。1996 年,欧洲数学学会打算给他颁发"杰出数学家"奖,被他直接拒绝了,因为他认为从数学上来看,评审团中没人有资格评价他的研究成果,所以这个奖根本就没有意义。对数学家来说,数学本身就是最高的认可,其他的一切有什么意思呢?

基于同样的理由,在佩雷尔曼看来,数学期刊的存在也显得多余。反正他也不需要什么核心期刊发表数、引用数以及诸如此类的其他数据来提升名气或者评职称,他的生活很简单,一个月的生活费也就 100 多美元,光靠积蓄就足够了(他在美国做博士后期间存下了好几万美元的津贴呢)。从数学本身的角度出发,一篇文章的价值不在于它出现在哪里,而且他也不觉得有编辑和审稿人有资格评价他的成果。

所以在 2002 年,佩雷尔曼选择了直接在网上连续贴出三篇文章，然后给大约 12 名同行发了一封电邮，告知了网站地址。这真是酷到无极限的一个举动，因为这三篇文章证明的可是庞加莱猜想！困扰了整个数学界上百年的难题！即便是对佩雷尔曼来说这也是整整 7 年的工作成果，就被他轻描淡写地"请允许我提醒您关注我在某网站上发表的论文"一笔带过了。这就是佩雷尔曼的风格：只提供全部的有效信息，而什么喜悦呀，荣誉呀，骄傲呀，或者别人心里的羡慕嫉妒恨呀，那都是数学以外的东西。接下来的 2006 年菲尔兹奖（陶哲轩也是在这一年获奖）和千禧奖⊖的奖金也是同样，和数学比起来它们根本不重要，所以没有接受的必要。

一直到今天，佩雷尔曼还在过着他数学隐士的生活，不知道他下一个选择攻克的难题又是什么。反正他现在和母亲一起隐居，每周出门买一次最便宜的黑面包、酸奶和水果，每次差不多都穿同一件外套。不是没有狗仔守在小卖部外面等着偷拍或者采访他，但是对一个年年如一日同一副打扮的

⊖ 2000 年 5 月 24 日，美国克雷数学研究所公布了七个千禧年大奖难题，并定下规则：如果有人将这些难题的解答发表在数学期刊上，并经过各方验证，只要通过两年验证期，每破解一题的解答者，会颁发奖金 100 万美元。这七个问题分别为：P/NP 问题、霍奇猜想、庞加莱猜想、黎曼假设、杨－米尔斯规范场存在性与质量间隙、纳维－斯托克斯存在性与光滑性、贝赫和斯维讷通－戴尔猜想，其中庞加莱猜想已获证实。

人，他们也没什么办法：拍多少次看起来都是同一天，完全没意思，难道以后每次偷拍还得特地安排一个拍档在他身边举报纸不成？

　　嗯，也许这就是这位全世界思路最快的数学家对付记者的独到之秘也说不定呢。

有点怪癖又如何

不知道为啥,一提起"怪癖"这种事来,英国的学霸们好像总能独占鳌头(咱这节专说地球人,"火星人"不包括在内)。大概是因为英国人有极度冷静、严谨又精确的个性,发展过头之后就显得有点儿古怪?总之说到这个话题,首先不能错过的就是英国(很可能也是世界)的头号学霸——伊萨克·牛顿爵爷,不管是比智慧、战斗力还是古怪程度,他都绝对不会输的。

作为一名世界顶级的科学男神,牛顿当然必须有着值得引以为傲的专注力。这份专注力有时会变得太过分,以至于早上起床掀开被子的瞬间忽然想到一个问题,然后整个人就沉浸到精神世界中,放弃了对肉身的关注,保持着一只脚在被子里、另一只脚在被子外的姿势,一动不动地呆坐好几个钟头,直到抽筋提醒他,自己脖子以下的部分并非不存在为止。

生 活 篇

牛顿还干过另外一件让人有点毛骨悚然的事儿。有一次他拿了一根缝皮革用的长针（也有人说是匕首，总之就别替他担心有没有消毒了，那会儿根本没这概念）插进自己的眼窝，然后按照他自己的记录，"在眼睛和尽可能接近眼睛后部的骨头之间"揉来揉去，目的呢，只是为了看看随着眼球的曲率变化，会有什么事儿发生。幸好最后什么事儿都没发生，要不然现代科学的出现不知道要推迟多少年，而我们的教科书也说不定会变薄许多！

不是只有坏脾气的男神们才会发展出怪癖，完美的绅士们也是可以非常古怪的，比如前面提到过的拉马努金的恩师G. H. 哈代。单单看他对拉马努金的态度就知道哈代是位厚道人：当时收到拉马努金信件的可不止他一个人，但只有他认真对待了这位陌生青年的才华。同事们对他都多有盛赞，甚至连遥远的同行们也是一样："一战"期间，远在哥廷根的希尔伯特听说三一学院给哈代提供的居住房间不太好，那时候英国和德国是敌对的双方，不过希尔伯特斟酌很久之后，还是给剑桥写信，提醒院长说哈代是英国最好的数学家，学院应该给他最好的房间才对。一个人的人缘这么好，人品那当然是不用说的。前面也说过，拉马努金那个"的士数"的传说，要不是一向绝无妄言的哈代作为人证，说起来真的很难令人相信。不过哈代学问和人品虽然都无可挑剔，却也有几项怪癖。头一样，就是讨厌照镜子。

别误会,作为一位完美的绅士,哈代的相貌绝对比大多数人都要漂亮。而且他相当喜爱运动,一直保持着锻炼的习惯,所以体格和身材也都很好。但他不知怎么就是一个彻头彻尾的反自恋者,无比坚定地相信自己容颜丑陋。这是件特别不可思议的事儿,因为哈代的审美能力绝对是顶尖的,同事评价他"所做的每一件事都优雅,都井井有条,都有格调"。他在一生中的大部分时间都保持着异常年轻的相貌,直到年近花甲的时候看上去还像是30多岁,这明明是令人羡慕的事,可他偏偏就是讨厌任何的镜子——不但家里没这东西,每次外出住进旅馆的第一件事就是拿毛巾把所有的镜子遮起来——连带着也讨厌照相。这位先生一生中允许被拍照的次数,加起来差不多一只手就可以数完。

还有一件挺别致的事儿,大概是出自老牌绅士的习惯:哈代和他长期的合作伙伴,另一位数学家利特尔伍德都住在剑桥的宿舍里,两人的住所相距大约步行40步的距离。可是这两位有事儿的时候绝不会直接走过来碰面,一定要写信或者通过校工递纸条交谈。

哈代的另一样怪癖是对一切的机械都有着深刻的怀疑,觉得机械的东西靠不住。这大概是数学家思维的体现,因为实实在在存在的东西当然难免有纰漏,在他们的价值观里,这就不如数学证明那样可以来得毫无瑕疵。总之他是绝对不用手表的，也讨厌电话，而且不信任自来水笔。倒是没人描述过他是怎么对待交通工具的，不知道他坐没坐过飞机。反正有次深夜，他有急事要找朋友，所以不得不打电话，口气那叫一个不情愿，而且为了尽量缩短通电话的时间，劈头就是："我不会等着听你的回答，所以听好……"对一向谦谦君子温良如玉的他来说，这已经算是非常少见的没礼貌了呢。

不光是怀疑机械，哈代还怀疑上帝。这跟前面的爱多士有点像，但在当时的剑桥差不多可以算是独树一帜的，因为一般的无神论者不信神也就罢了，哈代呢也不是不信上帝的存在，他是专爱故意跟上帝对着干。比如他每天下午去网球场，都要带上他的"反上帝电池"：几件运动衫、一把伞、一个装着若干数学手稿的文件袋、一篇他为皇家学会审查的文章，总之就是万一下雨了能够用来打发时间的一些东西。他的理由是这样的：上帝发现哈代预料到了天气要变化，但上帝怎么可以被预料呢？于是这样就能反向保证艳阳高照，能够顺顺利利打完一场网球了。

最后，哈代可能是所有的大数学家里唯一的一位板球迷。他对板球的热爱从小就显露了出来，哪怕是在一次挥拍时不小心打瞎了妹妹的一只眼睛，也丝毫没能影响他对这项运动的感情。哈代曾就读于英国最好的公学之一，对中学最大的怨念就是当时没有正规的板球训练,以至于他养成了糟糕的击球动作,长大后也扳不回来了。成年之后的每天早上,在工作之前他先要仔细阅读一遍报纸上的板球新闻。他的朋友,经济学家凯恩斯吐槽说,要是哈代把每天研究板球的时间花在股票上,他一定早就发大财了。

另外一位非常绅士又古怪的英国学霸是著名的查尔斯·达尔文,他的怪癖在于精确的数字。他特别讨厌约数,什么数都要有零有整,精确得简直不知道是从哪儿得来的。比如他在《物种起源》里说,英格兰南部某个地区的地质年龄是306662400年(好吧,至少数量级没错);后来还有篇论文里说,英国农村每英亩的土地里有53767条蚯蚓。说实话,那会儿没有国家统计局这种部门,无法发挥这种数字天赋,可真是可惜了。

达尔文对精确的数字有执念,保罗·狄拉克,量子力学的奠基人之一,对量子电动力学贡献良多的理论物理学家,则是对精确的遣词造句有着极端的要求。狄拉克的最大特点有两个:一是"圣徒一般的简朴生活",房间简单得跟苦修士差不多,同行评价他有"物理学家中最纯洁的心灵",好多人以为他一辈子都不会结婚(但他后来娶了维格纳的姐姐);二就是极端的沉默寡言,他在剑桥的同事们曾经开玩笑,把"每小时说一个词"定义为一个"狄拉克"单位。有这么一段故事:1929年狄拉克27岁,那时候他已经是举世公认的天才,访问美国的时候他接受了某周刊的采访。美国那时候还远不是世界科学的中心,记者采访时也基本只关心八卦,事先好生做了一番准备,热情洋溢地想要问出点猛料来。结果采访到一半,记者连泪奔的心都有了,因为碰上的这位天才,几乎从头到尾就没说过两个词儿以上的句子。"您看过电影吗?""是的。""什么时候呢?""1920 年。"

  不过狄拉克这种超级简短又犀利的说话方式自有其道理,因为他的用词实在是太讲究了,废话不要,歧义不要,不确定性过高不要,写下来的文章和说出来的句子常常一个字都没法删改。他讲课的时候总是使用自己写的教科书,通常都是照着书本一个字都不改地朗读。他这么干学生们难免有意见,觉得这完全就是照本宣科;狄拉克教授呢,对这种意见也很有意见,因为他认为课本上经过自己深思熟虑的表达就是最精确和完善的表达,改一个字都会变得不够好,不"照本宣科"又怎么行呢?换个人这么说话别人一定会认为他在抬杠,不过狄拉克这么一回答,同事们纷纷表示理解。嗯,你问为什么?因为他就是这么一个力求精确的人嘛!

  精确到什么程度呢?咱举个例子。有一次他在大学里做报告,最后的问答环节有学生提问:"教授,您写在右上角的这个方程我不懂。"狄拉克点了点头表示听到,然后保持沉默。一分钟之后主持人忍不住小心翼翼地问了一句:"教授,您看您能回答一下刚才那个问题吗？""那不是一个问题。"狄拉克的回答是，"那是一个陈述。"

诸如此类的段子还相当多，其中一些发生在与其他学霸之间的交流里。比如，也是在1929年，狄拉克和海森堡两个人一起坐船去日本参加一次学术会议，旅途漫漫，途中海森堡快乐地参加舞会，狄拉克默默旁观。一曲终了他疑惑地问海森堡："你为什么要跳舞？（Why do you dance？）"

"哎？"海森堡真是有悖于德国人严谨克己的刻板印象，快活地回答说："因为和好姑娘们跳舞是件开心的事啊！"

这回答听起来无可辩驳，以至于狄拉克也沉默了几秒钟，然后才开口问："可是海森堡，你怎么能预先知道她们是好姑娘呢？（But, Heisenberg, how do you know beforehand that the girls are nice？）"——嗯，因为中文里要用语气助词而不是语序来体现疑问句，所以我们附上两句英文的原文，让大家体会一下一个字都不能删是怎样的感觉。

至于这个问题本身嘛，发现了不确定性原理的海森堡当然一点儿都不确定，而且想必他也没觉得有必要确定，作为一个喜欢穿皮短裤的小帅哥，他为啥要关心漫长旅途中一个萍水相逢的舞伴好不好呢？不过他倒也没介意，因为英国人嘛，通常都不擅长开口寒暄，要不然他们怎么那么喜欢聊天气呢？这还不算啥，后来有一次，在某个物理学会议上，狄拉克跟当时还

是后起之秀的年轻费曼坐在一起,沉默了好久之后狄拉克终于开口,用来开启对话的句子是这样的:

"我有一个方程。你也是吗?"

学霸们的世界,我看我们确实得努力学习一下才能懂啊。

哦,当然,在怪癖方面,费曼先生也绝对不是盏省油的灯。不过他的怪癖属于热情奔放型的,跟英国人的风格完全不一样。首先,费曼干过一件谁都不得不服的事儿:他偷开过装着原子弹机密文件的保险箱!

那还是他年轻时候的事儿。那时候费曼作为一名年轻的理论物理学家,被征召为国效力,参加了著名的"曼哈顿计划",研究人类历史上第一颗原子弹。这种大杀器当然是要严格保密的,参与的人员都要经过彻底的审查,在偏僻清冷的洛斯阿拉莫斯基地闭关搞研究,通信也都必须在监视下进行。但是费曼是一个特别喜欢解谜的人,通俗点儿说就是一个解题狂,他的亲人也特别了解他这一点,所以费曼的父亲和女朋友在给他写信的时候每次都会使用自己编制的密码,而且几乎每次都不一样,这样他在收到信之后就必须先解开密码才能读信,为枯燥的生活增添一点趣味。这本来是件特别有情趣的事儿,但是负责审查信件的兄台不干了:你们这样搞,我哪知道你们都写了些啥?这样我的工作没法完成啊大哥!费曼只好告诉老爸和女朋友,说你们别给我写密码信啦。可是他没有谜题可解实在是

我是个科学家，我没那么了不起
学霸的非典型往事

———

手痒得不行，于是……就盯上了存放机密文件的保险箱。

你看，这无从安放的智力资源溢出，有时也会造成令人哭笑不得的后果。要是魔方⊖（最好还是高阶的那种）能在那时候就发明出来，说不定就不会有这么一档子事儿啦。

费曼还有另外一件奇怪的爱好：他特别喜欢在离家不远的一间酒吧里，霸占一间包厢喝七喜汽水，然后，思考物理问题。汽水是免费的，这是他送了酒吧老板一幅自己绘制的装饰画之后换来的福利。酒吧里的人呢，其实也不会到他的包厢去打扰。别误会，费曼只是觉得这里的环境很有趣而能保持头脑活跃，外加丝毫不介意旁人的眼光而已。实际上，在太太心中他绝对是一个非常靠谱的男人，靠谱到什么程度呢？跟第一个太太的故事我们在后面的情感篇单独重点讲，这里单说跟第二位太太的离婚。这二位其实是和平分手，但是那时候美国的风气跟现在不一样，离婚要经过法官的允许，那就得有合理的理由。两人一商量，费曼同意对方用"严重伤害"来作为提出离婚的理由。可是他真没打过老婆啊，最后只好在法庭上胡扯，表示自己给妻子带来了许多"精神伤害"。什么非洲打击乐带来的可怕噪声啊，什么从一起床就开始计算东西的压力啊，"而且我不光是一起床就在算啊，我开车的时候也算，买东西的时候也算，

———

⊖ 我们熟悉的 3×3 魔方是 1974 年才问世的，更高阶的魔方出现得更晚。

什么时候都算"。这么东拉西扯了一番之后,两个人成功分手。

费曼的后半生都是在加州理工学院度过的,那时候的加州理工有两位超级学霸镇守,一位是他,另一位是发现夸克的盖尔曼。盖尔曼的怪癖就比较正统,是属于"正常"学霸的"正常"癖好:炫耀学识。

要"罹患"学识炫耀癖,当然首先你得有学识。这一点对盖尔曼来说不成问题,就算是在学霸界里,他也是顶级的,基本属于无所不知的百科全书类型。不管你提起什么样的话题,从粒子加速器到化粪池,他都可以不打草稿地立马给你开个讲座,从工作原理到主要规格讲得一清二楚,还"碰巧了解数百种语言的一些特点,如此而已"。他最大的癖好是老是找机会说外国字儿,而且必须用地道的当地口音念出来,所以经常上一秒你还觉得在跟个地道的纽约客说话,下一秒他的脸就忽然拧巴了,用一种英语国家的人民完全不熟悉的口型开始说一些奇特的语言,让人感觉自己忽然瞬移到了世界的某个角落,然后再下一秒,咻,你又回到纽约啦。

关于盖尔曼的原始口音癖,有这么一个例子。我们都知道,美国是一个移民国家,特别是美国的博士们,一大半都顶着外国名字。有一年,一个叫莱昂纳德·曼罗迪诺的新同事来到加州理工学院,新人嘛,礼貌周到地前来打招呼,报上自己的名字,然后盖尔曼就重复了一遍对方的名字,而且是以这个名字的主人听不懂的发音。

"哦,"他看到年轻人脸上的茫然,补充说,"这是你名字的正确发音。它原本是个俄国姓来着。"

接下来他热情地告诉了对方那个姓的"正确"语源,不知道是不是还打算开讲这个家族的"正确"来历,反正这位新同事,多半是在那之前就落荒而逃了。

要是我们再仔细挖掘,一定能在每一个学霸身上都挖出点无伤大雅的怪癖出来。这倒也并不奇怪,因为每一个人身上其实都有那么一两点与众不同的地方。我们又不是蚂蚁,可以无比整齐一致,只是名人身上的特点常常被拿着放大镜察看,就显得格外突出。其实我们忘了,学霸们身上最大的"怪癖",就是"他们是学霸"这回事来着,因为对抽象事物的酷爱可不是自然进化而来的心理模式。或者可以这么说,一个社会能够允许有的人把精力放在抽象事物上而不妨碍生存,这就是文明的标志吧。

别把天才当疯狂

有这么一部话剧,叫作《物理学家》。剧中的故事发生在一家疯人院,里面的病人顶着牛顿、爱因斯坦、莫比乌斯之类的名字。在话剧的第一幕里,他们以谋杀自己的护士为乐;在第二幕里,又摇身一变,成为被敌国收买的特工人员。这是一部抽丝剥茧又迷雾重重的悬疑剧,剧情本身非常精彩,同时,大概也说明了在群众的心目中,科学家通常都是什么怪诞模样。

从一个普通人的角度看,多数学霸在某种意义上都是"疯狂"的,因为普通人很难理解天才们的行为目的。被数学考试折磨得痛不欲生的人,想必不太可能知道一个终生痴迷于寻找素数原理答案的人乐趣何在(数学家们已经前赴后继了几百年)。人生一共就只有短短数十年,为什么会有人关心100多亿年前的宇宙诞生呢(目前对宇宙年龄的测算结论是138亿年)?而在中学生理课本上就能看到人体解剖详图的人,想必也难以

我是个科学家，我没那么了不起
学霸的非典型往事

理解当初医生们为了研究血液循环系统愿意付出什么样的代价——沃纳·福斯曼，25 岁的时候切开了自己手臂上的静脉，插进一根橡皮管，然后他插啊插啊插，一直把这根软管插进了心脏。当发现血液开始流动的时候，他高高兴兴地去拍了张 X 光片，确定管子已到位，而自己并没有什么不舒服的感觉，顺便还验证了一下管子插到不同部位的时候血氧含量的不同。福斯曼后来发明了心脏导管，并在 27 年后拿到诺贝尔生理学或医学奖。

比起"不食人间烟火"的数学家和天文学家来说，医生们的"疯狂"因为更与现实世界息息相关，所以可能更能引起读者的关注与骇异：医生们最初是怎么发现胃溃疡是由细菌引起的？是通过喝下从患者呕吐出的胃液培养出的……呃，液体，然后自己在几周后也得了胃溃疡⊖。医生们当初是怎么猜测黄热病的原因的？他们也以为是细菌来着，于是又有人喝下了患者呕吐出的……呃，液体，不过这次猜错了，黄热病的原因不是细菌，而是病毒。胰岛素也好，脊髓麻醉也好，发现它们的医生们二话不说就在自己身上来做人体试验了。总之，现代医学就是在各种我们平常避之唯恐不及的疯狂上艰难前行的，直到现在依然如此。前些年还有一件挺吓人的事儿：日本科学家河

⊖ 做出这一伟大牺牲的澳大利亚医生巴里·马歇尔由于这个发现而获得了诺贝尔奖。

生活篇

冈义裕的团队宣布自己利用 H1N1 病毒为蓝本,制造出了一种能够绕过人体免疫系统的"超级病毒",一旦被这种病毒感染,将无法被治愈。这次连科学界都觉得有点儿疯狂了,纷纷提出担心和抗议,虽然这位日本教授坚持自己只是为了更好地了解病毒欺骗免疫系统的机制才进行了这样的研究,但确实造成了不小的恐慌。只能希望这种可怕的病毒能够永远被关在实验室内,不要有丝毫泄漏的风险才好。到这儿我只能说,学霸的世界,我们真的不懂啦。

总之,不少科学家在文学意义上是疯狂的,这点大家一般都会同意。对学霸们来说,对世界的认知方式似乎确实与多数人稍有不同。或者反过来说,对世界的认知方式与众不同的人可能更容易成为了不起的学霸。但在这其中,有一些科学家即便是在医学意义上也是疯狂的,例如,曾经被送进精神病院——关于这点大家可能就比较陌生了。

我简直都不怎么好意思说,在这一节光荣出镜的头一位,又是我们无所不在,什么八卦都能扯上他的牛顿爵爷。

牛顿住过精神病院,还是被他的朋友们送进去的。在他 50 岁那年,人类历史上最伟大的头脑(至少是之一)经历了头晕、失眠、记忆力减退和智力下降的折磨,个性也变得比平常更加暴躁易怒,以至于他的朋友兼粉丝们都开始受不了了。关于牛顿精神失常的肇因和病症,后世的医生们众说纷纭。没办法,

我是个科学家,我没那么了不起
学霸的非典型往事

谁也没本事穿越回去给爵爷下诊断,只能从各种为尊者讳的记载里一鳞半爪地猜。有人认为这是汞中毒[一]的症状,因为牛顿一直迷恋炼金术,经常跟剧毒的汞蒸气打交道,那玩意儿严重损害神经系统,把人搞疯毫不费力;也有人认为这是长期高强度用脑之后的植物神经紊乱。牛顿虽然活到了 85 岁,但是从 30 岁起就满头白发、容颜老迈,身体也一直不好。还有心理医生判断,牛顿是因为接连遭受丧母之痛和手稿在火灾中烧毁的沉重打击,导致了临床上的抑郁症。不管怎么样,他在疗养院里住了一阵子之后,情绪和智力都大致恢复了以往的状态。朋友们用来验证他有没有恢复的手段相当简单粗暴:把牛顿自己的笔记和论文扔给他,看他能不能读懂。牛顿要么是痊愈了,要么是被后世某个理科生附体了,反正顺利地取得了朋友们的认同,得以出院。也亏得这位是牛顿啊,要是都按照这个判定标准,同时代岂不是有 99% 的人都是精神病?

牛顿的精神疾患妨碍了他的科学成就,不过也有人的成就似乎有赖于精神疾患。数学家约翰·纳什,在博弈论和微分几何学方面都做出过了不起的贡献,他那著名的"纳什均衡",据

[一] 除了炼金术师和银匠之外,把汞中毒弄成标准职业病的还有一个行当,那就是画家。因为古代使用的颜料里含有的铅和汞都相当多,特别是万一你还有舔画笔的习惯:荷兰画家梵高很可能就是这个习惯的受害者。

说就是他自己与精神分裂症造成的妄想人格间博弈的结果。纳什均衡是一种非合作博弈条件下的均衡局面，在这样的局面中，参与博弈的任何一方在其他方不改变策略的情况下，不管自己选择什么样的策略都无法改善自己的处境。纳什证明了在参加人数和参与者的选择都有限的情况下，纳什均衡必然存在。他一生中主要的成就都是在22～23岁间做出的，30岁时被《财富》杂志评为新一代数学家里最天才的人物（《财富》杂志关心数学家这一点也不奇怪，只要想想全世界的数学精英有多少在给华尔街干活就明白了）。第二年纳什就进了精神病院，一住就住了11年。2001年囊括多项奥斯卡大奖的电影《美丽心灵》就是他的传记片。纳什均衡奠定了现代博弈理论和经济理论的基础，由此给纳什带来了1994年的诺贝尔经济学奖。

话说在决定给纳什颁奖之前，诺贝尔奖评奖委员会可是经过了好一阵激烈的争论（假如那不算争吵的话），因为到底能不能把诺贝尔奖颁给一个精神病人，这可真是个难以抉择的问题！奇妙的是，在好不容易尘埃落定，决定了获奖人选的时候，纳什却在没有使用药物和治疗的情况下奇迹般地好了起来，能够自己前往斯德哥尔摩，亲自接受这项荣誉了。

有的精神疾病甚至还有"提高智商"的名声。用百度搜索一下"艾斯伯格综合征"，你很容易在和它相关的条目里看到一大串天才的名字。这是一种和自闭症很相似的疾病，表现得像

学霸的非典型往事

是社交恐惧症和情感障碍的合体，但是在基本丧失正常人际交往能力的同时，却常常伴随着超乎寻常的敏锐、精确、专注和执着：看起来根本就是不少著名学霸的写照嘛。比如我们前面提到过的卡文迪许阁下，身为英国最土豪的学霸，钻石单身汉，却是个生活简单到不行的死宅，主要就是因为他的个性实在太内向了，到了根本不愿意和人打交道的地步。就连家里的仆人都必须保持在他的视线范围之外，对女佣他更是连一个字都不会跟她们搭腔，每天把想吃的饭菜写个便条留在大厅里。幸好英国菜种类不多，一张便条足以说明问题，要是换在中国，他该怎么办呀？为了保证不跟管家太太打照面，他还特地给自己的房间多修了一道楼梯，免得在楼梯上狭路相逢，至于新衣服什么的当然能不做就不做，又要量又要改，各种近距离接触那简直无法容忍。由于在女性面前的羞怯，卡文迪许终身未娶，只是在家族中选择了一位近亲晚辈作为继承人，但即便是这么一个将要继承自己万贯家财的人，他也只是每年见一面，每次几分钟而已。至于其他的访客，更是要严格筛选，必须提前精确约定来访时间，要不然没有管家先生作陪，卡文迪许是绝对没办法和人交谈的。

人们最津津乐道的是这么一个段子：某天有位不速之客来访，恰好遇到管家外出，卡文迪许亲自来开门，两人面面相觑了片刻之后主人砰一声把房门拍在了客人的鼻子上。客人是卡文迪许的粉丝,耐心敲门等待,结果是门再次开了,他眼睁睁看着偶像大人换上整套外出服装拿着雨伞神色仓皇地落荒而逃,宁可跑去野地里消磨几个钟头也不愿意与陌生人寒暄几句。最后还是管家晚上回来,听说这事儿以后出门去把他找回家的!

其实别说是普通的陌生人了,就算是皇家学会的同僚们,卡文迪许也基本是能不说话就不说话,唯一固定参加的社交活动是每周四皇家学会例会前的晚餐聚会。西方贵族不像东方那么讲究食不言、寝不语,那会儿可没有社交网站和即时聊天工具,餐会就是学者们的聊天群,好些学术讨论都要趁这场合进行。不过要从卡文迪许阁下嘴里榨出点什么见解来那可真是难比登天,基本只能从嗫嚅的音量大小来判断他是否同意别人的见解,想要听清内容那几乎是不可能的。传记作家评论他说"平生最大的研究课题是如何避免引起注意"。这课题可真是牛人专属,换了咱普罗大众这就是天赋技能点,哪还用得着研究?总之为了达成这个宝贵的成就,卡文迪许虽然在数学、电磁学、力学、热学、化学、天文学等诸多领域都有所建树,但是一辈子一本书都没出过,论文也只发表了寥寥几篇,每篇还都顶着副被逼无奈的面相——做研究写论文对卡文迪许阁下来说不在话下,但那时候发表论文的规矩是要当众宣读的,这可就要了亲命了,宁可没成果也不能干。他的这个习惯后来害得自己卷入了好几次大规模的掐架中,跟瓦特和拉瓦锡之间都有过关于发现优先权的争议。其实要说"争议"好像也不太恰当，因为卡文迪许反正是不说话的，到头来还得好几十年后的麦克斯韦来翻他的笔记和手稿，才发现有好些工作他明明是比别人都要更早完成，只是从来没声明过。所以后世的心理医生们觉得他有艾斯伯格综合征，这真不能算是捕风捉影。

说起患精神疾病的风险程度，在学霸里排行第一的行当可能会非常令人意外：数学家，特别是逻辑学家们，要是认了第二，多半不会有别的行当跳出来抢第一。与这个职业给我们的通常印象（比如说精确啦，严谨啦，绝对的理性啦）相反，逻辑学家们经常把自己搞崩溃。仔细想想其实也是啊，他们努力把自己的理性世界打造得那么清晰、严整、一环扣一环，中间万一有那么一块被轰掉了，可不就得天塌地陷了吗？换了普通人遇到一两个悖论根本不是个事儿，一大堆砖块不管怎么震动它还是砖块，但你见过一幢高楼炸掉地基能不倒的吗？

头一个为这种智力上的探索付出崩溃代价的数学家是创立集合论的德国人康托尔。要知道，数学家为了捍卫心目中的真理是不惜采取极端手段的，特别是在面临整个世界观都要被颠覆的紧急关头。当初第一个意识到无理数存在的古希腊人希伯索斯就直接被他的同学们扔到了海里，因为他竟敢颠覆"万物皆数"的真理。好在康托尔所在的时代已经是文明社会了，没人会再干这种天诛的事儿，不过却也躲不开各种质疑、责难和群起而攻之。这主要还是因为他提出的观点太过"大逆不道"了。

康托尔都干啥了呢？首先，他证明说，无穷和无穷是很不一样的，无穷有很多种层次，有的是可数的无穷，还有的是不可数的无穷；然后，他又表示说，只要两个集合之间的每一个元素能够做到一一对应，那么它们就是等价的。看起来不错是吗？然后他就证明了有理数和自然数之间可以一一对应，一条直线上的点可以和一整个平面上的点一一对应，甚至一条直线上的点可以和一整个空间里的所有点一一对应。这可就在数学界炸开了锅，因为一个平面那可应该是由无限条直线组成的，平面怎么能跟直线等价？光是看到这样一个命题整个人都要不好了！最后呢，康托尔还表示说"超越数"⊖这种奇怪玩意儿竟然有无限多个！这也是一件完全违反当时数学研究传统的事儿。数学家们表示我们是数学家！我们是对已有的东西进行总结和研究！如今能证明超越的超越数一只手就可以数尽，你现在跟我说无限多？

所有这些发现都是当时的数学界所不能容忍的，一方面是对这种离经叛道的发现觉得不可原谅，另一方面是对居然无法反驳康托尔的无限证明而恼怒。但实际上，被这些颠覆性发现

⊖ 只要它不是任何以有理数为系数的代数方程的根，那么它就是超越数。

冲击得最厉害的还是康托尔自己。所以在把当时的数学原则搞崩溃的同时,他自己的精神也崩溃了,几进几出精神病院,最后在"一战"期间死在了精神病院里。

另一位被精神疾病困扰的天才,可能是有史以来最被低估的逻辑学家。他就是一脚踹掉《数学原理》这本巨著基石的哥德尔。

说起来还真有点儿一报还一报的意思,因为当初《数学原理》的作者之一罗素也干过同样的事儿。在前辈弗雷格的巨著《算术基础》即将付印的时候,罗素给弗雷格写了一封信,提出了他那个著名的"罗素悖论",两句话就把人家整本书给废掉了。这个悖论的流行说法是这样的:塞维利亚的理发师替城里的所有不自己刮脸的人刮脸,那么他该不该给自己刮脸呢?

如果这位左右为难的理发师给自己刮脸,那么根据这个悖论的第一句话,他不该给自己刮脸;如果他不给自己刮脸,那么根据同一句话,他应该给自己刮脸。这个悖论简直要让当时的所有数学家都不好了,后来直接导致了伟大的希尔伯特出来号召大家重整数学基础,"一劳永逸地消灭数学里的悖论"。希尔伯特的墓志铭是他自己拟的:"我们必须知道,我们必将知道。"他一直相信可以建立一个完备的数学体系,罗素和怀特海在《数学原理》上花了整整20年来响应他的号召,然后嘛,就被哥德尔当头棒喝了。

而且哥德尔的棒喝还是一次二段连击呢。首先,他证明,

生活篇

不管选用什么公理来建立一个复杂的数学体系,在这个系统内,总能造出一些有意义的命题是无法证明其对错的。其次,他又证明,在同一个数学体系里,无法确定体系内的定理是否自相矛盾。因此,数学竟然是不完备的!

时代好歹是进步了,哥德尔的证明很完美,他没有因此遭到攻击。但是他内心深处一直有着担心,会不会自己毕生的心血也在未来遇上一个比"理发师悖论"更致命的玩意儿,把他的工作变成一堆垃圾?一方面,因为有这样的焦虑而导致了他的抑郁,另一方面,又因为他原本就有点儿强迫症,所以他有点儿不太严重的洁癖,并且认为"寒冷是有害的",在任何时候总是衣冠楚楚,穿着大衣,戴着围巾和手套,天气再热也不露出脸部以外的皮肤。他在普林斯顿高等研究院那会儿跟爱因斯坦是好朋友,爱因斯坦晚年的时候每天去办公室"就只是为了跟哥德尔一起散步回家"。他俩站在一起可好玩儿了,爱因斯坦大腹便便,皱巴巴的衬衫,裤子不系皮带,用背带挂在肩膀上,而哥德尔总是穿着熨好的衬衫,无论何时都穿着细致的亚麻外套。而且他还老觉得食物对身体有害,只肯最低限度地吃东西,还总是疑心自己有心脏病。看来这位伟大的逻辑学家在生活里没那么讲逻辑,他最后罹患了厌食症和妄想症,几乎什么都不肯吃,最后在医院里因为心脏病和营养不良而去世,离开人世的时候,体重还不到 40 千克。

绝症面前，人人平等

在写作这本书第一版的时候，为"渐冻症"募捐的"冰桶挑战"行动正在热火朝天地进行着。"渐冻症"其实是"肌萎缩性脊髓侧索硬化症"的俗名，英文缩写为 ALS（Amyotrophic Lateral Sclerosis），原因是中枢神经系统里控制骨骼肌的神经元退化，让大脑无法指挥运动系统，最终完全失去行动能力。渐冻症至今还是一种令人类束手无策的疾病，跟癌症、艾滋病、败血症和类风湿一起并称为目前的五大绝症。

还没有人知道这种绝症的病因，它最残酷的一点，是对患者的记忆和智力毫无影响，罹患这种绝症的人，会清醒地慢慢"冻结"，随后步向死亡。不过，对某一个特定的患者而言，我们确实应该庆幸渐冻症具备这个残酷的特点，让他那宝贵的大脑在患病后的几十年时光中，仍然能够保持清晰和敏捷的思考。

这个特殊的患者，就是斯蒂芬·霍金。

生活篇

霍金生于 1942 年 1 月 8 日。之所以特意提到这个日子，是因为这一天是伽利略去世 300 周年忌辰。霍金 19 岁那一年，他在牛津物理系上大三，忽然发现自己行动变得迟缓，好像很难控制自己的身体，动不动就摔倒。后来他被确诊患有 ALS，医生预测他至多可以撑上两年。一般人听到这样的宣告，多半会选择趁身体还能动弹的时候赶紧周游世界。不过霍金却选择了毕业后去剑桥念宇宙学研究生，好像一点儿也不在乎自己可能都来不及拿到博士学位。

霍金从行动笨拙变为行动不便并没花多少时间。读研究生期间还有这么一件事儿：导师席艾玛带着研究生们去伦敦参加一个研讨会。剑桥离伦敦大约 100 千米，要坐一个小时的火车。剑桥是个小站，火车停的时间不长，他们上车之后，忽然发现丢了一个人。回头再看，霍金正在以"古怪又缓慢"的步伐试图赶上火车，大家不由得全都大为紧张。那一次他紧赶慢赶终于还是在开车时平安落座，不过再后来，就连这样的出行都开始变得不再可能了。

作为剑桥的现任卢卡斯数学教授，霍金人生中最后一个签名就在这个职位就职时的签到册上。此外，霍金还有两位光耀千古的前辈：牛顿和狄拉克，不过他自己的成就也绝对不遑多让。头一项就是捍卫了广义相对论方程，指出奇点并不代表广义相对论的缺陷。奇点这个"奇"是奇怪的奇，来自广义相对论方程的一个解，代表维度无限小而密度无限大的时空。物理学家原本特别讨厌无限这回事儿，所以一直有人怀疑广义相对论有问题。霍金告诉了大家一个好消息和一个坏消息，好消息是广义相对论本身是没有问题的，大家不要担心；坏消息则是，包括广义相对论在内的一切科学法则，看来都只能在特定的条件下存在。

霍金的第二项重大发现是指出黑洞会产生辐射。原本大家都以为黑洞是个只进不出的貔貅，但是霍金发现黑洞会"吐出"粒子，缓慢蒸发，而且黑洞的质量越小，温度越高。这项发现集合了物理学上的三大基本理论——相对论、量子力学和热力学，是科学史上的重要一页。

实话说，霍金真是一个推动科技进步的存在。先别说他本人在宇宙学上做出的成就，也不用提那套如同科幻电影道具的电子语言系统和电子合成轮椅，单单是让他在 21 岁确诊 ALS 之后又继续活了 55 年，就已经是医学上的一大成功了。自从 1986 年因为肺炎做了气管切开术之后，霍金就彻底没法说话了，电脑成为他生活中必不可少的一部分，他交谈和写作的能力都来自电脑。这个在轮椅上坐了好几十年的人，尽管已经完全无法控制自己的身体，但他依然活着，并思考着宇宙的秘密，写了几本史上最畅销的科普著作（虽说写作的初衷是为了赚医药费），成为 20 世纪末最耀眼的科学

生活篇

偶像，顺便还前后与两位妻子结婚又离婚，生了三个孩子，什么事儿都没耽误。作为一个违背了教皇禁令㊀的翻版伽利略，他得到的待遇和伽利略有天渊之别：教皇保罗六世此前已经授予他碧岳十二圣牌，而在禁令颁布的同一年，在罗马，教皇学院的研讨会后，霍金竟然得到了教皇向他下跪的待遇，让所有人都不禁大吃一惊。2018年3月14日，霍金去世，随后骨灰安放在伦敦著名的西敏寺教堂。巧合的是，他在伽利略逝世300周年的日子出生，在爱因斯坦的生日这一天去世，安葬在牛顿身边。这三位正好也是他在自己最著名的作品《时间简史》的附录里，列出的史上TOP 3物理学家。

从当年确诊ALS开始，人人都觉得霍金命不久矣，可他就是一直活到了2018年，过完了76岁生日，也算是创下了纪录。"人生七十古来稀"，何况他还是一位绝症患者。其他的一些学霸却没有他这样的绵长的生命力，在诊断出绝症之后，虽然也多方诊治，却还是没能坚持多久。

这其中，最让人遗憾的一个例子应该就是冯·诺伊曼，他在53岁时因为癌症而去世。在他临终前，美国国防部的正副部长、三军司令和其他所有军界要员齐齐聚集病榻前聆听遗训，这种场面恐怕不但空前，而且绝后。军界大佬们如此重视他意

㊀ 1981年，教皇颁布禁令禁止一切关于大爆炸的研究，因为"创世是上帝的工作"。

见的原因也很简单,作为博弈论之父,冯·诺伊曼对局面的分析能力是首屈一指的。维格纳以他一贯的简洁风格做出过评价:一旦冯·诺伊曼博士分析了一个问题,该怎么办就一清二楚了。

冯·诺伊曼罹患的是胰腺癌,发现的时候已经通过血液转移到了骨头。谁都没想到他会栽在这个病上,因为他太喜欢吃甜食,从年轻时候起就是个胖子,按说罹患其他疾病的风险要大得多。因为实在太忙了,在确诊之后他还是瞒着家人又连轴转地工作了4个月。美国总统亲自向坐在轮椅上的他授予特别自由勋章,冯·诺伊曼回应道:"我希望能更久地在这世上服务,以对得起这份荣誉。"不过以他一辈子极少出错的判断力,想必那时候已经心中有数。他还来得及赶上女儿的婚礼,虽然不太高兴,认为早婚会妨碍学术事业,但是他赶不上看到自己担心的那些问题的答案了。冯·诺伊曼,这位一生中对世界局势判断都异常精准的天才,做出的唯一一次误判就是认为美苏必有一战,他在弥留之际还担心着,经常在半夜把病房外站岗的士兵(军方担心他由于病痛和药物的作用讲梦话,特地安排了士兵站岗以免泄密)叫去交代一些忽然想到的思路。另外,他还在20世纪40年代就已经预料到了全球变暖问题,并做出过估计——地球的命运也是他关心的问题之一。但癌症很快就损伤了他的大脑——冯·诺伊曼的大脑,应该是当时世界上最宝贵的大脑,有一位向来都没怎么谦虚过的美国学霸后来说:

生活篇

"除了他生病住院时的那最后一年,我们从来都赶不上他的思考速度。"

冯·诺伊曼从确诊到离世一共撑了 18 个月,而 20 世纪可能最有名的胰腺癌患者——史蒂夫·乔布斯,从确诊到辞世坚持了整整 8 年。在本书提到的所有名字中间,乔布斯绝对排不到"学霸"属性的前列,不过他是位独一无二的商业奇才,擅长为购买他家产品的每一个人提供"高大上"的用户体验。苹果公司那个著名的标识据说还是为了纪念后面我们会提到的另一位学霸而设计的(虽然乔布斯本人表示并非如此)。胰腺癌是所有常见癌症中死亡率最高的,不过乔布斯罹患的不是最可怕的腺癌,而是生长比较慢的另外一种"神经内分泌肿瘤",有机会通过及时的切除来治愈。遗憾的是,这位天才太习惯让世界按照自己的意志来运行了,他拒绝了医生的手术建议,而改以"自然疗法"来对抗癌症。具体来说,就是通过严格的素食、针灸和草药疗法来跟史上最凶恶的绝症(之一)对抗。好些朋友都竭力劝说过他,差点"友尽"也没能劝回来。拖了 9 个月之后,自然疗法让癌细胞长大和扩散了不少,不得已切除了大部分胰脏,可是乔布斯是个严格的素食者,损失胰脏之后身体无法单靠素食来获得足够的蛋白质,营养不良更加大了与癌症斗争的难度。

癌症对每一个人都是公平的。或者说,由于天才们往往有强烈的个人意志,和普通人比起来,他们有时反而更不容易采纳医生的建议。乔布斯的癌症终究还是转移到了肝脏,作为顶级的富豪和名人,他有能力获得最好的治疗,但最好的治疗对于一项绝症来说也是无力的:人类的力量有限,乔布斯很快意识到了这一点。这个时候,当初导致他错过治疗时机和坚持素食习惯的神秘哲学这次帮助他很快获得了内心的平静。2005 年,乔布斯在斯坦福大学的毕业典礼上应邀演讲,他告诉年轻的毕业生们:"记住自己很快就要死了,这是我面对人生重大选择时最重要的工具。因为,几乎一切——所有外界的期望,所有骄傲,所有对于困窘和失败的恐惧,这些东西都在死亡面前烟消云散,只留下真正重要的东西。记住自己终会死去,是我所知最好的方式,避免陷入认为自己会失去什么的陷阱。你已是一无所有,没理由不追随内心。"

绝症面前,人人平等。最具天赋的人物所能做出的最大反抗,其实也就只是这样而已。

我是个科学家，我没那么了不起
学霸的非典型往事

工作篇

雇主很重要

对一位以探求宇宙真理作为人生目标,偏偏又被柴米油盐逼到眼前的学霸来说,在几百年前那个时代要赚到让自己不愁生计安心研究的财富,路子可不算多。在各国的科学院成立之前,科学家是一个基本没人给发薪水的行当,除非您是"富二代",不然总要找饭辙,所以业余的通才成为时代潮流,比不得现如今隔行如隔山。要靠研究学问来挣钱,差不多只有一条路子,那就是得到高贵的大人物资助。人人向往的故事当然是少年成名一鸣惊人,哗哗哗几篇论文发过之后得到国王或者皇帝陛下的青睐,从此一生衣食无忧。科学史上最金光闪闪的学霸们基本都是这么过来的,其中还有不少成功地在自己的名字前加上了贵族前缀,比如拉普拉斯侯爵,又比如开尔文勋爵,那都是因为科学成就而获得的授勋⊖。

钟情于探寻真理的聪慧天才们,受到高贵而开明的君主赏识,从此衣食无忧地在平静的环境里快乐地做着研究,终成一代大神……这种跟童话故事的幸福结局差不多的想象,你要是相信那可就真是太天真了。嗟来之食不好吃,欧洲的学霸吃亏就吃亏在没听说过那句中国老话:伴君如伴虎呀。

首先,欧洲历史上和平的日子可真不多。诸侯割据,靠山林立,好处是值得依靠的山有的是,这山不留爷自有留爷处,坏处呢就是靠山说不定什么时候就倒掉了。比如数学王子高斯大神,他生在不伦瑞克,一直以来作为他保护人的是不伦瑞克公爵斐迪南大公。这位公爵对高斯那是相当的仁至义尽,从高斯 14 岁起就负担他的学费,直到他完成学业为止,后来还给他提供了一笔足以生活的津贴,让他可以专心研究,不用为五斗米折腰。高斯特地在他那本伟大的《算术研究》的题献里写到把这本书献给斐迪南大公,以此对他所做的一切表示感谢。

这本来是一段佳话:农民出身的贫苦孩子在大人物的提携下成为史上最伟大的数学天才。不过好景不长,不伦瑞克公国所在的普鲁士王国参加了反法联盟,结果被当时战无不胜的拿破仑暴揍了一顿。战火烧到普鲁士本土,斐迪南大公身为普鲁

⊖ 牛顿爵爷不算,因为他的贵族头衔是在皇家造币厂当厂长那会儿跟假币贩子斗智斗勇换来的。

我是个科学家,我没那么了不起
学霸的非典型往事

士陆军元帅,带领军队奋勇抵抗,最后重伤去世。于是高斯暂时性失去了经济来源,前面我们提到过的"拿破仑战争基金"事件也发生在这个时候。幸好他出名早,这时已经名满欧洲,被公认为全世界最伟大的数学家。圣彼得堡的俄罗斯科学院首先向他抛出了橄榄枝,德意志的同行们也在努力,希望他能够留在祖国。高斯最后担任了哥廷根天文台的台长,薪水微薄,只能支持一家人最简单的生活需要。不过这也就够了,高斯本人一贯淡泊朴素,书房里几十年如一日用着旧椅子和旧工作台,白木桌子连漆都不刷。对于不在乎穷日子的人来说,经济窘迫应该是远远不如放弃热爱可怕吧。

在"靠山山倒"这个领域,高斯的经历差不多可以算是个喜剧故事,最主要的原因是他水平足够高,名气足够大,没有一个国家会不善待一位世界级的数学家,因为数学实在太重要了(后面我们会看到,英国可能充当过唯一的一次例外)。另一位学霸的故事则是悲剧,他的那位靠山恰好就是普鲁士的敌人——法国皇帝拿破仑陛下。

发明画法几何⊖的数学家蒙日是个磨刀匠的儿子,他通过努力成为一名海军军官。在著名的法国大革命里,由于蒙日的平

⊖ 即将三维的物体表达在二维的图面上,这是机械制图的基础,没有它就没有大规模的工业生产,有整整15年它都是法国的军事机密。

民出身,他原本坚定地和民众站在一起,是一位积极保卫共和国的科学家,他运用专业知识帮助国民公会制造大炮来抵抗攻击。可是我们都知道法国大革命是怎么回事儿,民众这个概念太复杂了,公民蒙日在"我们的大炮厂干得好极了"的时候被自家住所的看门人检举。他只好离开巴黎,不久后收到了拿破仑的来信,开始了与这位年轻炮兵军官的友谊。

后世的历史学家翻阅史料,认为蒙日是历史上唯一获得了拿破仑的真心友谊和信任的人。他对拿破仑的确也是忠心耿耿。拿破仑远征埃及失败,匆匆乘船赶回法国那会儿,蒙日跟他在一条船上。将军大人(那会儿拿破仑还不是皇帝)在海上毫无自信,老是觉得远方的海面上会突然出现一队英国军舰,把他们全都抓起来像逃兵那样吊死。于是他交代蒙日:"如果我们遭到英国人的攻击,必须在他们靠拢上来的时刻把我们的船炸掉,我把这个任务交给你。"有一天远方果然出现了一艘船,所有人都紧张起来,准备战斗,蒙日马上就消失了。后来发现那是一艘法国船,大家松了一口气,只有拿破仑忽然紧张地问:"蒙日在哪里?"

蒙日发挥了他作为海军老兵的沉着与忠诚,正躲在火药库里,被找到的时候手上拿着一盏点燃的灯。如果那真的是一艘英国船,这盏灯就已经被扔进火药箱啦。

蒙日和拿破仑不光是患难之交,在这位军事天才变成皇帝

我是个科学家，我没那么了不起
学霸的非典型往事

之后，蒙日也是敢在御前仗义执言的为数不多的人之一。而拿破仑虽然在好长一段时间里纵横欧洲唯我不败，但毕竟还是遭遇了滑铁卢——之前他就被打败过一次，流放到厄尔巴岛，结果很快就卷土重来，巴黎的报纸头条在他逼近的几天内充满喜感地连续变化："科西嘉的怪物在濡安港登陆""吃人魔王向格腊斯前进""篡位者进入格勒诺布尔""拿破仑占领里昂""拿破仑将军接近枫丹白露""陛下将于今晚抵达忠实的巴黎"。蒙日没有文人们的变色能力，更何况他作为拿破仑挚友的名声在外。后来，波旁王朝悬赏他的脑袋，让他不得不从一个贫民窟躲到另一个贫民窟，随后，王室又下令把他从科学院开除，后来居然还颁布了禁令，禁止他的学生们参加他的葬礼。

其次，即便你生在一段相对和平的时代，待在一个相对够大的国家，得到了一位足够长命的君主的垂青，那皇家科学院也并不一定是什么人间乐土。当收入和地位完全维系于君主的宠爱时，学霸之间也会未能免俗地上演宫斗大戏，一不小心就有人挖坑给你跳。伟大的莱昂哈德·欧拉就吃过这样的亏。

关于欧拉的传说非常多，比较有代表性的一个是说他能够在任何地方、任何条件下进行他的工作。欧拉非常喜欢孩子，可以一边抱着婴儿一边写论文，而且还有一群大一点儿的孩子在他旁边玩耍，就在这种情况下，他写论文的范围之广、速度之快依然独步天下，桌子上总是有一堆写好了等待印刷工取走的文章。由于后写的文章被放在上面,所以经常会出现出版日期的顺序和写作日期相反的囧事。这种巨大的工作量甚至在他失明之后也没有减少,因为他记得自己需要的书籍和公式,而且他也具有惊人的心算能力,同行形容他"计算时就像人的呼吸或者鹰的翱翔一样不费吹灰之力"。要知道,牛顿无论如何都无法解决的月球运动问题㊀,就是欧拉失明之后,运用心算而计算出来的!

不过一个人脑子里装着这么多数学,那给宫斗心眼儿留的地方可就不多了。关键是欧拉在很年轻的时候就右眼失明,仪容有损,而且并不是一个辩才无碍的全才。在玄学、宗教、上帝之类的话题上,他一开口就露怯,还常得罪人。这种时候,柏林科学院另外一些伶牙俐齿的家伙们可就有发挥的余地了。在这件事上扮演反派角色的是当初为牛顿爵爷热情鼓吹的伏尔泰,他想尽各种办法把欧拉扯进他所不擅长的辩论里,再让皇帝看到他的笨嘴拙舌。腓特烈二世皇帝本来就不喜欢数学,谁会喜欢一门自己不懂的学科呢?在充分地看到过欧拉跟人蹩脚辩论的场面之后,皇帝渐渐感到厌烦。欧拉最后也终于察觉到了这一点,不得不离开柏林科学院,去了圣彼得堡。

而且,千万别觉得皇帝就一定有钱,欧洲穷过很多年,皇

㊀ 因为月球—地球—太阳是一个三体系统,要足够精确地描述出月球的运动需要很复杂的计算。

我是个科学家,我没那么了不起
学霸的非典型往事

帝陛下也是有可能搞出欠薪这一套的,历史上最伟大的天文学家之一,约翰内斯·开普勒,就是死在向皇帝陛下讨薪的路上的。

开普勒是个出身穷苦的老实人,从小身体病弱,眼睛高度近视,还带散光,总之就是个看起来完全不适合当天文学家的料子。要知道牛顿这样的人一直到 85 岁都没戴过眼镜,视力好得让人羡慕嫉妒恨。开普勒担任过第谷·布拉赫的助手,在布拉格为神圣罗马帝国的鲁道夫二世皇帝陛下编制以他名字命名的《鲁道夫星表》。要说这个神圣罗马帝国也是很奇特的,名字看起来特别"高大上",实际上它既不神圣(教皇的加冕是拿土地跟教廷换的),也不罗马(跟罗马人没有关系),当然更不帝国(有哪个帝国被割据成好几百块,皇帝还要靠选举的呀?),千万别拿它跟曾经的罗马帝国那个大阔佬相比。那时候神圣罗马帝国在跟土耳其打仗,搞得财政相当紧张,接下来又是漫长的"三十年战争",一直也没缓过来,不得不欠薪成癖。第谷暴毙之后开普勒继承了他"皇家数学家"的位子,年薪 500 金币。开普勒的头一笔薪水就是在皇宫的会客室里坐了整整两个月才拿到的。后来的欠薪更加成为常态,在开普勒的晚年达到 12000 金币。当时的皇帝费迪南德二世答应了支付这笔积欠的薪水,不过他的支付方式是打白条。开普勒得自己拿着这些白条到各个纳税的城市去取钱,可是实际上哪儿都没钱。终于,在他最后一次骑着一匹价值 2 金币的老马上路，试图去兑换手里那些白条债券的时候，病倒在路上，很快就去世了。

话说回来，即便不欠薪，君主也说不定会让你一辈子在绝对无聊的位置上浪费才能。例如，莱布尼茨号称"17 世纪的亚里士多德"，顶着当时欧洲最全能的头脑，却给汉诺威公爵一家当了几十年尽忠职守完美无缺的图书管理人和家族律师，处理的大多是私生子女继承权和家谱编纂之类的对人类文明毫无贡献的玩意儿。多亏了莱布尼茨竭尽心力考证出来的家谱，千方百计把公爵大人跟英国的安妮女王拉上了亲戚[一]。欧洲各国贵族长年内部通婚，家谱异常复杂，王位继承有一套极其精密又冗长的规则，保证继承人顺位可以严格排序，不至于产生纠纷。所以编家谱这种事儿，没个足够聪明的头脑还真玩不转。安妮女王没有子嗣，得从亲戚里寻找继承人，汉诺威公爵也是继承人之一，不过排位靠后，前面还有 50 位候选。要不是前面这 50 位都是天主教徒，而当时以新教为国教的英国人不愿意王位再落到天主教徒手里，王位也不会轮到了汉诺威公爵乔治头上，实在有点儿"天上掉馅饼"的味道。乔治公爵成了乔治一世，不过却好像忘记了莱布尼茨的存在一样，任凭他老死在家乡。要说实际上乔治一世国王陛下这事儿办得实在不够聪明，这家

[一] 就是让英格兰和苏格兰合并成大不列颠王国的那一位。

我是个科学家，我没那么了不起
学霸的非典型往事

伙从没想过还会有个英国王位掉到自己头上，当然也就没好好学过英语，他大概是史上第一个[一]连英语都说不利落的英国国王，被誉为英国历史上著名的"土包子皇帝"。他要是把莱布尼茨带在身边，不说多学几句吧，至少也可以镇一镇那帮看不起他的臣子。

最后，哪怕世界和平、宫廷宁静、君主不但有钱还特别器重您，那也架不住遇到一位愚蠢又鲁莽的陛下呀——"解析几何之父"，史上最伟大的哲学家、数学家，还有随便什么学家都排得进 Top10 的勒内·笛卡尔，他就遇到了这么一位不知该怎么形容的女王陛下：瑞典的克里斯汀女王那个时候 19 岁，身体强壮，精力充沛，而瑞典的宫廷教师使她感到无比空虚无聊。于是在一眼看到笛卡尔著作的同时，她就下定决心，一定要把这个大神弄来给自己上课。

当时的笛卡尔隐居在荷兰的小村子里，一边过着愉快的隐居生活，一边继续自己伟大的思考。悠闲对他来说是很重要的，他从少年时代起就习惯了每天睡到上午 11 点再起床（这不是个好习惯，大家不要学习）。不过当一位国王下定决心要讨好你的时候，你能怎么抵抗呢？女王陛下派了一位海军上将，带着一艘船来接

[一] 如果不算乔治六世的话还是最后一个，但人家是结巴，不是英语不好。

他,还表示全船人都可以由他随意支配。对差一点就当上了海军中将的笛卡尔来说,这糖衣吃下去,炮弹也就只好笑纳啦。

于是笛卡尔就上了船,到了斯德哥尔摩,遇到了斯德哥尔摩史上最严寒的冬天。不知道为什么,女王陛下一点儿也不怕冷,可以一连几个小时坐在没生火的房间里,一点感觉都没有。她吃得也很节省,工作得很辛苦,睡得很少。所以公平地说,她并不是故意要苛待谁,只是完全意识不到别人需要温暖和休息,所以特别理直气壮地提出每天凌晨 5 点开始学习哲学的要求。我们都知道在严寒的冬天大清早离开被窝的滋味,何况那是在斯德哥尔摩,冬天上午 11 点钟才会天亮(而这是笛卡尔的正常起床时间)!于是笛卡尔每天早上 5 点钟准时进宫,在没生火的图书馆里给她上课,下午也别想补觉,女王陛下自己以勤政为荣,也不习惯臣子们闲着,总会分派下任务让人至少看起来忙忙碌碌。奈何她实在是没什么学习的天赋,都已经成年了还在为小孩子就该懂的简单语法挣扎,纵然有笛卡尔这样的神级老师,有每天孜孜不倦的努力学习,终究也没能学出个什么成就。没几个月笛卡尔就在瑞典寒冷的天气里罹患感冒,继而转成肺炎,病重去世了。要是他知道了后世居然会流传自己和克里斯汀女王的浪漫故事,还煞有介事地编出了"$r = a(1 - \sin\theta)$"的"心形线情书",只怕会气得从坟墓里爬起来,警告后辈们:

珍爱生命,远离女王!

要命的发现

如果你有什么东西都想尝一尝的毛病，可千万别进入化学这一行。瑞典历史上最了不起的化学家卡尔·威廉·舍勒就有这么个坏毛病，凡是自己亲手做实验弄出来的东西，都要亲自尝一尝。他都发现了些什么呢？比如亚硝酸呀、氟化氢呀、氢氰酸呀、氯气呀、甲腈呀、汞呀……没一样不是老师们严格告诫我们在实验室里必须小心对待的危险品。当然在 200 多年前，人们对许多化学品的毒性还没有认识，而且化学家们确实有这么一条不成文的工作传统：想要平安长寿的人是做不出像样工作的。舍勒在 43 岁的时候死在自己的工作台旁，身边堆满了各种各样的化学药剂，全部都有剧毒，任何一种都可以致命，以至于人们至今都没弄明白，到底是哪样东西最终夺去他的生命的。

说起来舍勒可真是一位不折不扣的倒霉蛋，论起倒霉程度，他与下一节我们将要提起的普朗克难分轩轾。但是普朗克的坏

工作篇

运气主要体现在家庭和时代上，舍勒的坏运气则集中在了学术上。舍勒家境贫寒，他没有受过正规教育，跟达·芬奇相似，知识都是从学徒生涯和自学中来的。他最早的著名发现是一种不从尿液里提取磷的方法，正是因为掌握了这种新的生产磷的方法，瑞典才成为世界上主要的火柴生产国。在他短短的一生中，几乎没有使用过任何先进的仪器，而他就在这样的恶劣条件下独立发现了氯气、氟气、锰、钡、钼、钨、氮气和氧气，但在生前却没有因此得到任何荣誉。舍勒还发现了氨气、甘油和单宁酸，提出可以用氯来做漂白剂，可以用氢氟酸来雕刻玻璃，可以用银盐来制造摄影板。这些发现都让别人发了大财，他自己却一分钱没捞到。1768年他首先提纯了草酸和酒石酸，可是写的论文文法不通，被拒绝发表；1772年他首先发现了氧，写好的专著却被出版商拿在手里耽搁了整整两年才付印，失去了发现的优先权。当时的化学家的一大工作重心是研究各种颜料和染料，终于这回舍勒有能用自己名字命名的发现了：他发现了一种挺美的黄绿色颜料，被人们称作"舍勒绿"，不过这东西很快也被发现有毒，被停止使用了。舍勒绿的成分是亚砷酸铜，对，就是砒霜的那个砷。舍勒绿还有个颜色更美也更可怕的亲戚，被称为"巴黎绿"，是非常鲜亮的绿色，人们拿它来印壁纸，有那么一段时间，差不多整个欧洲有钱人家的墙都是绿的。巴黎绿的成分是啥呢？是醋酸亚砷酸铜，同样是一种剧毒的盐，住在涂满了它的房间里的有钱人往往都罹患了慢性砷中毒。多扯一句，被流放到圣赫勒拿岛上的拿破仑皇帝陛下英年早逝，人们老是怀疑他死于英国人的投毒，不过他住的那座行宫的墙壁上，用的可也是这种绿色壁纸喔。

化学的确是一个奇妙、有趣但又充满了危险的学科，即便是今天也需要人们非常小心地对待它。在人们还没来得及对世界上存在的这么多的剧毒化学品有所了解的时代，化学家们更是一个个都颇有视死如归的气质。算来在危险系数上能和这个学科相比的学术行当，恐怕也就只有流行病学家和核物理学家了。

放射性元素这东西的可怕，在当初刚发现它们的时候根本没人能未卜先知。居里夫人自己就经常把放射性物质随手朝抽屉里一放，不止一次地描述过它们"在黑暗里发出的幽光"，还曾经在衣兜里揣着装满了放射性物质的试管坐火车旅行。以生活在现代的我们看来，居里夫人在提炼镭的工作中简直是不要命，我敢说本书的读者绝没有一个会放任自己暴露在那样大剂量的电离辐射下，哪怕是明知有个诺贝尔奖在前面等着你也不行：多年后人们整理居里夫人的遗物时，发现哪怕只是她用过的菜谱上沾染的放射性物质，其剂量就足以对人体造成威胁，必须穿上防护服才能接触。至于她当时的论文手稿，因为沾染的放射性物质太多，至今没能整理出来，只能保留在铅盒里。

但那个时代不一样啊，当时的人们确实认为，像放射性元素这样能够产生能量的好东西，一定对身体健康有所帮助。别笑，现在也没比100年前好到哪里去，翻开各种保健品的广告，基本都是槽点满满，但凡打着"科学新发现"的旗号，再吹嘘一下"保健"的功效，轻而易举就能让人心甘情愿掏钱。太阳底下没有新鲜事，当时的什么牙膏呀，通便剂呀，都添加上放射性元素来作为"保健品"贩卖，销量那是相当可观，"放射性温泉"的疗养作用更是被大肆宣传。更有甚者，"镭射水"被作为非常"高大上"的保健饮料来贩卖，而为矿泉水添加放射性的装置居然申请了专利，发明人大发横财不说，竟然还得到了美国医学会的推荐。直到有位倒霉的大少爷为了治疗自己的慢性疼痛，在医生的建议下猛喝镭射水，喝得下巴都没了之后，这种危险的"保健饮料"才被严令禁止。

居里夫人1934年死于白血病。她的长女伊蕾娜·约里奥-居里生在母亲刚开始研究铀元素放射性的时候，长大后也研究放射性元素，在1935年获得诺贝尔奖，1956年同样死于白血病。人们现在相信她们的去世一定与接受过大剂量的辐射有关。后来研究原子弹的科学家们也有不少面临相同的命运，特别是开展早期工作的那一批。我国的两弹元勋邓稼先先生就不用说了，美国的"曼哈顿计划"里，粗粗一算也有奥本海默、费米和费曼等好几位在后来死于（怀疑与接受辐射有关的）癌症。要说洛斯阿拉莫斯也真是有点可怕，虽然当时的物理学家们已

我是个科学家，我没那么了不起
学霸的非典型往事

经很明确地知道了放射性物质的危害，但那毕竟是人类开天辟地头一遭面对足够质量和纯度的放射性元素，有很多细节还是没能注意到。甚至有些危险是他们自己制造出来的：在基地的一个房间里，放着一个镀银的钚球，位置很显眼，来访者一眼就可以看见。钚这个元素呢，是自然界中存在的最重的元素（比它更重的元素都是人工合成的），会自动发生裂变，钚-239是原子弹的主要组成部分，投到长崎那颗"胖子"的内核就是钚。钚-238没有自家兄弟那么狂暴，它会平稳地裂变和发热（空间飞船使用的核能发动机一般就用它作为燃料），当然也会附赠大量的辐射。洛斯阿拉莫斯是在高原上，气压比较低，钚的发热量比平原上大，这个球摸起来也更温暖。重点是，它就一直在那里温暖着！没人想过要拿个什么东西把它罩起来！人们在那个房间里进进出出！有时还要去摸摸它！（不然我怎么会知道它是温暖的？）而且每个人都那么淡定，根本没当回事儿！

当时对"辐射"这个词的反应，与现在相比可说是两个极端：现在的人们简直是谈辐射而色变，只要带辐射这个词儿的一律反对，恨不得住在法拉第笼㊀里，连手机信号都要疑神疑

㊀ 指由金属或良性导体而形成的笼子，可以有效屏蔽外电场的干扰。正是由于法拉第笼的静电屏蔽原理，所以在升降电梯这样的金属笼子里，如果没有中继器的作用的话，当电梯门关闭之后，里面是收不到任何电子讯号的。

鬼。其实呢，大家用百度搜一下"电离辐射"就知道，大多数的紧张都是没必要的。什么是电离辐射呢？能量足够高、有本事从原子或分子里至少打出一个电子来的那种辐射，比如 X 射线呀，高能粒子流呀，频率特别高的那部分紫外线呀，都需要我们小心回避，尽可能不要接触。但我们日常生活中常遇到的可见光、红外线、微波、无线电波的能量都太低了，跟可怕的电离辐射完全是两回事。

再说了，有压力的人生更容易有健康隐患，平添若干不便，这姑且按下不表，但自己把自己吓出病来就不划算了。平心而论，接触大量辐射当然是对人体有害的，但它产生的危害是隐藏而缓慢的，不像剧毒的化学药剂那样当场就会生效。居里夫人在 1898 年发现钋和镭，以她当时在毫无防护的情况下面对的剂量，在 1934 年才去世，而且期间生下的女儿艾芙并没有健康问题（艾芙活到了 102 岁高龄）；邓稼先的去世是在 1986 年，距离我国第一颗原子弹爆炸成功已有 20 多年；费曼的去世也是在这一年，奥本海默要早一些，但也是在"曼哈顿计划"结束之后十几年。而且我们日常偶尔遇到的辐射量和他们当时面临的辐射量，那显然是根本不能相比的。

当然，癌症这东西实际上相当地因人而异，基本是看基因和运气，面对同一个诱因，有人反应很大，有人压根儿无感；有人反应快，有人反应慢。辐射这种事儿虽说不必太过紧张，确实也不能大大咧咧毫无防范。只不过，要说少量辐射和烟不离手哪一样的危害更大，那恐怕还是后者吧。

辐射对身体带来的损害是隐性的，病毒则通常立竿见影，要起命来不但很快，而且很多。搞流行病学的科学家有好些成天面对的就是"瓶中的恶魔"，其中的一些甚至早已在世上绝迹，只存在于实验室中。比如可怕的天花，曾经被描述为"所有死亡使者中最可怕的一个"，在地球上肆虐了上千年，夺走了几亿人的生命，直到伟大的爱德华·琴纳发明了牛痘接种法之后才让人类摆脱了这个可怕的梦魇。如今，天花已经在世界范围内被消灭，只有少量的病毒还被作为样本保存在实验室里。1977年，伯明翰医学院就发生了意外的天花病毒泄漏事件，一位医学摄影师珍妮特·帕克感染上了这个可怕的疾病而去世，成为世界上最后一个被天花夺走生命的人。负责这个实验室工作的科学家亨利·贝德森因为这个事故也自杀身亡。

2014年在西非爆发的烈性传染病——埃博拉出血热，其病毒更是异常危险。埃博拉病毒是一种人畜共通的病毒，其可怕之处在于致死率非常高。当时《科学》杂志上一篇讨论这次埃博拉疫情传播的论文发表时，合著的作者中就已经有五位感染了埃博拉病毒而去世。

对病毒来说，致死率和传播效率常常是成反比的，如果一种病毒太快让宿主死亡,由于病毒无法脱离宿主独立生存很长时间,这相当于是宿主与它"同归于尽",让它来不及找到下一个宿主。反过来,如果一种病毒能够与宿主长期共存,虽然对宿主的危害变小了,但从病毒的角度来说,自己却得到了更多的传播机会。

运气这回事儿

大概从 20 世纪初开始,理论物理学家和实验物理学家分道扬镳,搞得好像是华山派分出的剑宗和气宗,两边各有自己的绝活儿,在理论和实验之间跨界简直比跨到别的学科去还难。伽莫夫就曾经非常精辟地总结过:"只要根据一个理论物理学家在触摸精密仪器时给仪器造成的损害程度,就能判断他学术地位的高低。"

这句话还有后面一半:"以此为标准的话,沃尔夫冈·泡利算是最出色的那一类。只要他经过实验室,那里的设备就会破裂、粉碎或燃烧。"这个与物理学家相关的非物理现象,有一个专有名词,那就是著名的"泡利效应"㊀。

这倒不是伽莫夫的一家之言,虽然在著名的哥本哈根理论

㊀ 其实,这么说起来杨振宁也不遑多让,他自己就说过:"哪里有杨振宁,哪里就有爆炸。"

工作篇

物理研究所，伽莫夫一向以专职漫画家和打油诗作者、兼职物理学家的形象出现。所谓的"泡利效应"之所以如此大名鼎鼎，是由于泡利对实验物理学家们的"威慑力"导致的。他似乎真的有种只要站在实验室里，什么也不干就能把人家仪器搞坏的本领，而且这种本领在针对他自己的时候失效。有关"泡利效应"闯的祸堪称罄竹难书，大到毁掉实验室仪器，小到让人好好坐着的椅子突然垮掉，正如一千个人心中有一千个哈姆雷特一样，一千个亲朋好友有着一千个故事，其中几分真几分假，恐怕连当事人自己也说不清楚。我们知道的是，泡利先生的朋友奥托·斯特恩[一]就谢绝他进入自己的实验室。此外，某次哥廷根物理实验室里的仪器忽然失灵，大家无比诧异：泡利没来呀，这怎么可能坏？结果写信给泡利告知这件事之后，他高高兴兴地回信说："哎呀，我那会儿坐着火车从苏黎世去哥本哈根，算算时间正好停在哥廷根月台上……"看来这位先生对自己的名声在外不但很有自觉，而且津津乐道。有一回他跟友人出行，路上车抛锚了，人家开玩笑用"泡利效应"来埋怨他，泡利就一本正经地反驳说，所谓的"泡利效应"是损人利己的，他本人在这件事里也倒了霉，可见这跟"泡利效应"没关系嘛——

[一] 就是证实原子角动量量子化的著名实验斯特恩－格拉赫实验中的那位斯特恩，他是德国裔美国核物理学家、实验物理学家，1943年诺贝尔物理学奖获得者。

我是个科学家:我没那么了不起
学霸的非典型往事

看来他自己倒也知道!

另一些故事就纯属要么附会,要么起哄了。某次泡利参加学术会议,听完人家的报告之后,毫不客气地上台发言,批驳了其中的错误㊀,他说到高兴时用手里的粉笔遥遥一指那位出错的学者,但听喀喇一声,对方坐着的椅子就垮了下去!

嗯,到这里都是真的,但是鉴于下一秒钟,伽莫夫就跳起来大喊"泡利效应",而出名爱开玩笑的伽莫夫就坐在人家身后,这究竟是天灾还是人祸那可真是只有天晓得了。这个倒椅子的故事后来还衍生出了另外的版本,说是泡利某次落座到两位衣着体面的女士之间,结果刚刚坐下,那两位女士的椅子就倒了下去。天不假年,泡利只活了短短 58 岁。要是他能像朋友海森堡那样活到 76 岁高龄,这故事大概还能再多 10 来种说法呢。

泡利的坏运气只会带给别人,而且都是些无伤大雅的小小倒霉。还有一位学霸,则是真真切切地被厄运缠身,在恶劣的时局中不断遭逢不幸,其遭遇简直是闻者伤心,见者流泪。命运之残忍无情无理取闹,哪怕写成小说,也一定会有读者烧书大骂:狗血!不合逻辑!

马克斯·普朗克,德国科学界的标志性人物,一手揭开量

㊀ 对错误和犯错误的人像秋风扫落叶一样严酷无情,这是泡利先生的另一大特色。费曼做研究生那会儿头一回上台演讲,因为泡利坐在台下,以至于费曼拿讲稿的手都一直紧张得发抖。

子革命的序幕，门下桃李满天下，德国最著名的科学研究所就以他的名字命名（什么？你说爱因斯坦？爱因斯坦的人生中作为德国人的时间，那可不算太长。他当初得诺贝尔奖的那会儿，为了争他到底是哪国人，德国和瑞士扯了好一阵皮呢，这个八卦后面我们会讲到）。当他 20 多岁的时候，那可真是位眉清目秀的美少年。普朗克的人生原本是很美满的，带大花园的郊区住宅，四个可爱的孩子，每到周末就在家里组织风雅的室内演奏会，常在他家前厅演奏的有一个包括爱因斯坦在内的三人小组，每个人都具备接近专业的演奏才能。普朗克甚至还会作曲，写过一部小歌剧，认真学习过对位法——乐理跟数学颇有相通之处，科学家学习作曲，大概也有事半功倍的功效。

　　降临到普朗克身上的厄运，以夫人的去世为开端，然后就是由战争带来的无穷无尽的坏消息。在"一战"期间，"凡尔登绞肉机"[一]夺走了他长子卡尔的生命，而且有消息说，卡尔本来就患有抑郁症，在战场上有自杀的倾向，根本没想要活下去；次子埃尔温因为被俘，倒是逃脱了阵亡的命运，但是被俘的消息拖了很久才传回来，之前也是让人提心吊胆了很久。此外，他还有一个侄儿在战争中阵亡，这位侄子也是一位物理学家，

[一] 凡尔登战役，第一次世界大战中破坏性最大，时间最长的一次战役，战事从 1916 年 2 月 21 日一直持续到 12 月 19 日，德法双方投入 100 多个师兵力，造成超过 25 万人死亡，50 多万人受伤。

还是家里的独生子。

尽管如此，普朗克还是镇定地面对了命运，他甚至还能去安慰朋友能斯特[一]，因为能斯特在这场战争中失去了两个儿子。但厄运还没完，接下来他双胞胎女儿中的姐姐遭遇难产，在留下一个小婴儿之后去世了。于是双胞胎妹妹前去照顾小侄女，安慰悲痛的姐夫，安慰着安慰着就嫁给了这位姐夫，第二年同样遭遇难产，同样在留下一个小婴儿之后去世了！

好吧，至少"一战"总算是结束了。就在战争结束的同一年，普朗克还拿到了诺贝尔物理学奖。这时候他已经改变了对人生的看法，写信给一个侄女说，"我们没有权利得到生活带给我们的所有好事；不幸是人的自然状态，但不是不可避免的状态"。这位悲伤的父亲，现在只能靠抚养两个外孙女和全身心投入工作来寻找慰藉了。战后的柏林百废待兴，公交系统经常罢工，让他不得不从近郊的家里步行两小时前往市中心的工作地点，但他也泰然自若，不以为苦。这种镇定鼓舞了当时德国科学界的同事们，普朗克成为大家的精神支柱。

但是好景不长，德国作为"一战"的战败国，经济遭到严重打击，通货膨胀马上来了。严重的通货膨胀摧毁了对科学的一切资助，别说买设备，就连买期刊都变得不可能了。大家又

[一] 提出热力学第三定律的那一位，拿到了 1920 年的诺贝尔化学奖。

开始变得绝望。当时的德国科学院有多穷？通货膨胀又有多厉害呢？有一次普朗克需要离开柏林去外地出差，科学院给他拨了一小笔经费作为旅行的全部开销，但就在火车从这一站到那一站的过程中，这笔钱就已经贬值到连一天旅馆都住不起了！当时已经65岁的普朗克只好在车站的候车室里过夜。大家殚精竭虑，拆东墙补西墙，坚持着科学研究工作。可是另一个巨大的阴影又已经逼近——希特勒上台了。

作为一位科学界的领袖，普朗克眼睁睁看着"德国数学物理学的花园在一夜之间变成荒漠"，优秀的科学家纷纷因为种族迫害而不得不离开，他内心的痛苦可想而知。同时，他担任着学会的"防护堤"，尽一切可能保护着他的会员们，但是为了保护而做出的种种妥协又招致了海外同行们的谴责。普朗克在80岁的高龄退休，给急于上位的"雅利安青年物理学家"们腾位置。随后他在全国旅行和演讲，依然乐观地一心想着鼓励和安慰其他人，而且身体和精神一样强健，依然可以登上3000米的高峰。可是你以为厄运就这么结束了吗？还早着呢。

随后，在"二战"的一次空袭中，普朗克的家被夷为平地。图书、日记和通信，一切可供纪念的东西都没能从废墟中抢救出来。同时，又传来他的一个外孙女（双胞胎妹妹的那个女儿）试图自杀的消息。接下来，普朗克与发妻所生的最后一个儿子，在"一战"中侥幸逃脱性命的埃尔温，被认定密谋暗杀希特勒。

我是个科学家,我没那么了不起
学霸的非典型往事

在当时一旦被定下这个罪名,那就必死无疑。普朗克寻求了能够找到的一切帮助来试图减轻判决,希姆莱和希特勒都答应帮他。有一天他得到一个好消息,赦免很快就要到来。结果5天后埃尔温就被处决了,没有留下任何的遗言和遗物。

这个最后的打击终于把普朗克变成了一个老人,不久之后他罹患了脊柱融合症,几乎连路都不能走了。屋漏偏逢连夜雨,他家附近沦为战场,这位老人只好躲进树林,睡在草堆上。幸好哥廷根的物理学家们知道了这个情况,赶紧上报,他才得到了美军的营救。可是在医院待了几个月之后,他又一瘸一拐地上路了,在89岁的高龄坐着没有暖气的火车,继续他的演讲。有人问他为什么要这样做,普朗克的回答是这样的:

"在89岁的年纪,我不能在科学上有所成就了;留给我可能干的事,就是关心以我的工作为基础的进展,通过在这里和那里不断地重复我的演讲,对那些为真理和知识而奋斗的人,特别是年轻人的希望做出响应。"

有人有坏运气,就有人有好运气。古罗马大诗人奥维德说"好运难得屈尊去和天才做伴",不过科学史上也有那么一些人品大爆发的时刻。运气够好的人,就是可以无意间碰到惊天动地的发现,还有人帮他解释那到底是什么。1964年,贝尔实验室的两个毛头小子工程师,一个叫彭齐亚斯,一个叫威尔逊,打算把一台原本用来做卫星通信实验的微波天线改建成射电望远镜。一个合格的工程师在作品大功告成之前一定要进行全方位的测试，这两位也不例外，可是不管怎么调试，就是没法清除天线里的一点儿微弱的噪声。他们仔细地搜寻着环境里任何可能的噪声源，甚至赶跑了附近一窝倒霉的鸽子，但噪声依然如故。于是他们以"额外的天线温度"为主题写了一篇论文发在了《天体物理学报》上，通篇的中心思想就是我们发现了这么个东西，可是不知道它是啥。其实当时距离天体物理学家预言宇宙微波背景辐射的存在已经有十七八年，可是这两位不是物理学家，他们不知道呀。

不过他们不知道没关系，有人知道就行。有一次彭齐亚斯出差开会，遇到一位物理学教授伯克，就说起自己的这个发现，向他请教。伯克教授默默听完，给了他一个电话号码。那是普林斯顿的天体物理学教授迪克的电话，这一位是大爆炸理论的专家，自己做场论做得出神入化，教出的徒弟里有后来提出宇宙暴胀理论的古思。据说迪克接到电话后对学生们说的第一句话是："孩儿们，我们被挖到了。"随后物理学家们也在《天体物理学报》上发了篇文章，指出小彭和小威两位同学发现的东西应该就是宇宙微波背景辐射。后来，两位工程师获得了诺贝尔物理学奖，做出解释的几位物理学家则没有。不过，倘若当时对噪声源的排查稍微放松一点点，或者彭齐亚斯没有抓住机会请教那位物理学家，整件事儿也就完全不一样了。运气只会把机会带到你眼前，真正要抓住机会，还是得靠自己。

工作诚可贵，健康价更高

一个真正的学霸，通常也必然是一个真正的工作狂。每天工作十几个小时对学霸们来说往往是家常便饭，因为在他们看来，工作远比所谓的娱乐有趣多了。对有的人来说，工作虽然会令他们不那么健康但是却活跃而长寿——我始终都无法理解，是什么样的优秀基因，才能让牛顿在从不锻炼，吃东西有一顿没一顿，做起实验来一宿一宿不睡觉，还长期吸入炼金术的各种有毒气体，这种种严重违背养生准则的行为下居然还活到了85岁。而且据说他竟然还逃过了对英国男士来说几乎是诅咒的发际线磨难：虽然他的头发从30岁起就白得差不多了，但一直到老都还又厚又软，发量喜人。

哦，怎么忘了，牛顿还拿针戳自己眼睛呢，盯着太阳太久以至于眼花了好几天，种种事儿都干过了，却居然一生耳聪目明，一直到老都不用戴眼镜。

真是太不公平了!

人比人气死人的另一个例子就是爱多士了。他一辈子很少有哪天睡觉时间超过五个钟头,灌起咖啡来像是喝白开水一般,经常会在凌晨五点敲开你的门劈头来一句"设 P 为任意素数……";他毫无生活常识,也没有规律的作息和营养的膳食,视力糟糕兼运动能力极度欠缺,还大半辈子没有安定过,总是全球飞来飞去。也差不多是从 30 多岁起,朋友们总觉得他随时都会挂掉,可是他就这么一直精力充沛地活了下来,中间还经常为了提神服用兴奋剂。有次他的朋友(兼保姆)格雷厄姆看不过去了,想办法帮助他能戒掉兴奋剂,于是跟他打赌说要是他能一个月不使用兴奋剂,就输给他 500 美元。爱多士干脆地答应了,坚持了一个月,拿走他 500 块钱,然后训话曰:"我跟你打赌只是为了证明我的意志可以做到这一点,可是你看你都做了些什么?这一个月我都无法好好工作,你让数学的发展停滞了一个月!"然后他就又吃着非法的抗疲劳药物推动数学发展去了。

"对有的人来说"这种段落,后面当然跟着的是"对还有的人来说",而后面这些学霸就比较郁闷了:明明有人怎么作都不会死,为啥我们就这么倒霉呢?和这些倒霉的学霸比较起来,就算是传说中连续而艰苦地计算了三天三夜就弄坏一只眼睛的欧拉,都绝对算得上幸运得闪闪发光。

学霸的非典型往事

是的,对还有的人来说,他们只是努力工作的时候不小心着了凉,随后就被重感冒一波带走了,而且"集火"的大招还几乎都是同一个——肺炎。

严格说来,肺炎与其说是一种疾病,不如说是一种症状,是来自其他疾病的一种并发症。比如历史上有名的"西班牙流感",带走了至少两千万人(是的,你没看错,有一个"万"字)的生命,其中多数人的直接死因就是肺炎(和它引发的衰竭)。"现代临床医学之父"威廉·奥斯勒把肺炎描述为"人类死因之王",要不是抗生素这个大杀器的发现,它可能直到现在还是人类的头号杀手。并且,它确实曾经在某种程度上阻碍过科学的发展——通过让天才们英年早逝的方式。

这方面头一个例子是说出"知识就是力量"例子的弗朗西斯·培根,这位学霸是怎么染上肺炎的呢?他买了只鸡,在大雪天跑出去实验冰雪对食物的保存作用。英国那天气,冬天是绝不能在室外愉快玩耍的,于是他毫无意外地把自己弄得着了凉,染上肺炎,没多久就过世了。

培根是 17 世纪科学革命的先驱之一。在最近几个世纪,科学方法大约可以分为两大类,一类是培根式的,强调在实验的基础上进行研究,自下而上,在收集足够多细节的基础上开展归纳和总结;另一类是笛卡尔式的,认为科学都可以通过物理学还原成数学,关心原理更甚于关心现象。这两类方法并行不悖，就好像科学的两条腿，都不能偏废。不过作为科学方法论的双璧，笛卡尔和培根居然也以同样的方式因公殉职，这真可以说有些碰巧。

我们前面已经说过，笛卡尔不幸有了个不大讲理的女王学生，在瑞典的严冬凌晨还要进宫去给她上课，重感冒之后染上肺炎。要知道笛卡尔是位文可提笔写论文、武可持刀战海盗的牛人，和原本就身体瘦弱的培根完全不同，之所以会着凉不光是因为刚好赶上了斯德哥尔摩多年来最冷的一个冬天，还因为抠门的女王不愿意在室内生火。作为现代数学之父，他要是没在 54 岁的壮年死在远离欧洲学术中心的瑞典，接下来的几十年数学会变成什么图景那可真是天晓得。好多人有个误会，觉得数学家 35 岁之后就变废柴。这一方面是因为数学是一项非常需要精力的工作，对大多数人而言，上了年纪之后做出的工作确实不容易再像年轻时那样出色；另一方面就是著名数学家里早死的实在太多，拉低了整个职业的平均寿命——其中结核病"厥功至伟"，阿贝尔、黎曼、拉马努金，还有中国的陈景润，都是结核杆菌的受害者。在这儿必须感谢链霉素的发明者瓦克斯曼⊖，在某种意义上来说是他拯救了数学界。但有史以来最好

⊖ 乌克兰裔美国生物化学家和微生物学家，因其将链霉素用于治疗肺结核病人而获得 1952 年诺贝尔生理学或医学奖，此外，他还是抗生素这个名词的发明者。

的几位数学家——阿基米德、牛顿、高斯,全都高寿,并且其中至少两位直到晚年还不断地在完成新的工作(牛顿晚年的战斗力其实也并没减弱,只是全都投入到伟大的"掐架事业"上了)。如果当时有治疗肺炎的有效办法,以笛卡尔当时的身体和精力状况,再保持十来年的高质量工作应该是很有可能的,可惜这个美好的可能性,却被随便一个普通数学家都能上的一堂初等代数课给毁了。

笛卡尔是个懒觉狂人,大冬天的早上 5 点钟起来去给女王上课纯属是不得已而为之。另一位老师则是因为不想耽误学生的时间,在暴风雨的天气里身上淋湿了也不愿先去换身干衣服,坚持穿着湿衣服讲完了课,随后就染上了重感冒,继而转成肺炎,去世的时候只有 39 岁。这位"感动英国好老师"就是数理逻辑的奠基人之一,英国数学家乔治·布尔,他的工作和我们的生活息息相关:所有的计算机语言都绕不开"布尔代数"和"布尔运算",你正在看的这本书能在电脑上码出来、在电脑上编辑和排版、通过电脑出片和印刷,整个过程都离不开布尔的贡献。

有时候不是天气捉弄人,而是人自己去招惹了冷空气。气象学家、数学家和宇宙学家亚历山大·弗里德曼,伽莫夫的老师,正是在一次乘坐气象气球飞行的旅程中着了凉,刚 37 岁就离开了人世。他在短短一生中做出的成就非同凡响,不但创立

工作篇

了动力气象学,还第一个预言了宇宙在膨胀○,并且只用一组数学方程就描述了宇宙的行为。这就是"弗里德曼宇宙模型",一直到90多年后的今天,仍被天文学家们所认可。说到天文学家,他们才是肺炎的高发人群。为什么呢?这和他们的工作环境有关。天文学家使用望远镜观测的时候,需要观测地点的大气尽可能地保持宁静,这样才不会影响天体的成像。所以,他们在天文台里工作的时候,为了避免温差引起的空气流动,必须尽量让室内和室外的温度保持一致,也就是说,在近100年前的天文台里,是绝对不允许取暖的。肺炎不是冻出来的,但是冻病了之后,肺炎就来了。

让我们设想一下那个时代的天文学家们使用望远镜的情形:在真正观测之前,先要提前一段时间打开圆顶,让室内外温度趋于一致,否则温差造成的空气流动会轻松毁掉拍摄的照片。然后他们坐到望远镜前,仔细地调整镜筒指向,对准目标,开始长时间的观测。天文学家使用望远镜的时候并不是用肉眼观看的,他们利用对光线敏感的照相底片来收集天体发出的光,这样可以通过长时间的曝光来增加获取的信息量,比肉眼能看到的东西要多得多。不过这就需要巨大的望远镜能够始终精准地对准目标天体,于是他们不得不坐在目镜前待上很长时间,

---

○ 这个事实随后被埃德温·哈勃的观测证实。

我是个科学家，我没那么了不起
学霸的非典型往事

因为那个时候的望远镜不像现在可以用仪器来自动控制，所以他们必须不断地对望远镜进行微调来跟上恒星的运动，而且操纵时还经常出现故障，这种时候必须用肩膀顶住镜筒，来维持望远镜的姿态稳定。这样在相当于野外的温度里一动不动地待上一夜，夏天也就罢了，冬天可真是严酷的考验。

天文学家就是这样的"挨冻专业户"，哈勃曾经在整夜观测后自嘲"我好像一只冻僵的猴子"。所以发生这样的事也就不奇怪了：为了拍摄冬夜最壮丽的星座——猎户座，先后有两位天文学家因为肺炎而付出了生命的代价。第一位是亨利·德雷伯，第一个拍摄到恒星光谱和猎户座大星云照片的人，哈佛大学编纂的世界上第一部收录恒星光谱的大型星表就以他的名字命名，叫亨利·德雷伯星表。德雷伯本人是一位医生，纽约大学医学院的院长，天文学只是业余爱好。不过，他对业余爱好爱到了给自己建了一座天体摄影用的天文台的地步，这也不是一般人能做得到的。可惜再好的医生在没有抗生素的时候对肺炎也没什么办法，所以他在45岁时因为肺炎而去世。第二位是乔治·邦德，哈佛大学天文台之父，他花了整整一个冬天待在寒冷的天文台里拍摄猎户座照片，随后染上肺炎离世。

除了工作环境导致的疾病之外，工作过度本身也常常会摧毁学霸们的健康（本章开头那两位是特例）。而且要命的是，他们自己明明知道这一点，却毫不在乎。数学家雅可比有这么一句名言:"卷心菜没有神经,没有忧虑,可是它们从完美的健康里得到了什么呢?"他后来有一段时间因为健康崩溃而不得不中止工作。说实话,对学霸们来说,工作过度简直就跟网瘾少年们的网游过度是一回事儿,因为工作是件多么令人快乐的事儿啊。按照爱因斯坦喜欢的说法,"将人们引领向艺术和科学的最强烈动机之一,就是要逃避日常生活中令人厌恶的粗俗和使人绝望的沉闷……一个有修养的人总是渴望逃避个人生活而进入客观知觉和思维的世界。"瞧,看来不工作就会变成卷心菜呢。不过在选择不做健康的卷心菜的同时,要是还能选择做一个健康的学霸,那就最好不过啦。

业余亦专家

科学这一行,在很长时间里,绝大部分的工作都是由业余科学家做出的。最典型的例子是被誉为"17 世纪的亚里士多德"的戈特弗里德·莱布尼茨,他的正职是汉诺威宫廷的图书管理员(图书管理员可真是个神奇的职业),兼职是律师和外交官,业余时间当当数学家、物理学家和哲学家,每一样都做到了顶尖。而且这可绝不是孤例,请容许我介绍史上最强的业余天文学家——尼古拉·哥白尼。

如今一说起哥白尼,任何人的第一反应一定都是"伟大的天文学家",这个标签随着他身后一个又一个的天文新发现而变得牢不可破。不过他本人嘛,可能当时并没意识到这一点,因为他在世时,最为人所知的身份,并不是天文学家这个职业。

哥白尼出生的时候挺幸运,那时正好是波兰发展的黄金年代,教育发展领先欧洲。老哥白尼先生去世得早,孩子们跟着当主教的舅舅长大。这位主教大人不但自己是一位有声望的学者,并且和同时代的一些大学者有着良好的私交,所以小哥白尼在数学、天文学和法学等方面的学问可能都受到了舅舅的熏陶。他循着和舅舅一样的求学轨迹,先进入了波兰本地的克拉科夫大学,然后去意大利攻读教会法和医学。前面几年是舅舅掏钱付学费,后面几年因为加入了舅舅所在的瓦尔米亚神父会,那就由神父会掏钱,算是"公派留学",条件是学完回去给主教大人,也就是他的舅舅,当法律顾问和专属医生。这种条件他当然愉快接受,当了几年专属医生之后他又被派去了弗龙堡,担任弗龙堡神父会的财产管理人,从此他在这个波罗的海的海边小城一住就是 30 多年。位于弗龙堡城墙西北角上的"哥白尼塔"是他的宿舍和工作间,观测、工作和生活都在这里。观测的仪器大部分是他自己制作的,后来第谷·布拉赫得到了其中的几件,如获至宝地珍藏了起来。不过实际上,哥白尼的观测水平肯定远远不如他的晚辈兼粉丝第谷,一方面是由于时代和财力的差异,另一方面,弗龙堡纬度很高,又位于终年雾气弥漫的海边,一年到头只有冬天里最冷的那几天才能观测到一点儿东西。而且第谷是专业的天文学家,晚上观测完了白天可以睡大觉,可哥白尼在白天还有的是事儿要忙呢。他不但是个神父,而且跟弗龙堡其他清闲的神父不一样,从进神父会开始就是主教一手提携的,始终被神父会委以重任,很快就一路做到了整个瓦尔米亚教区的行政总管。有段时间他被委任为"尊贵的瓦尔米亚神父会的共同财产管理人",这个职位可相当了不得,俗称"国家神父",拥有弗龙堡两大庄园地区的行政、司法和其他方面的最高权力,完全就是个手握实权的大人物。实权到什么地步呢?哥白尼神父亲自带领士兵跟十字骑士团打过仗!虽说中世纪的城堡确实是攻难守易,但他的仗打得还是相当漂亮的,守住了神父会的财产,让乱兵没能洗劫到这片地方。而且他还是个相当有经济管理才能的统治者,对控制物价很有一套,亲手编写过谷物价格与面包价格的对照表,写过一篇名为《深思熟虑》的货币论文大纲。这篇大纲后来拓展成论文《论货币的信誉》,哥白尼也因此被誉为"普鲁士最杰出的货币事务专家"。这篇论文主要论述的是实际价值不同而名义价值相同的货币在市场上同时流通,实际价值高的货币将被实际价值低的货币所取代,逐渐退出流通领域。简单一句话,著名的"劣币驱逐良币定律",它其实是由尼古拉·哥白尼最早提出的!

到了晚年,哥白尼神父是闻名于整个西普鲁士的神医,被称为希腊神医阿卡拉斯再世,手下救治了无数教区内的百姓。相比而言,虽然他在漫长的时间里一直向天文学投注精力,并且最后正是天文学上的成就令他在数百年后家喻户晓,但天文学依旧是他的"业余爱好"。对当时的瓦尔米亚人民而言,他只是个有学问的哥白尼神父和好心的哥白尼医生。他们并不知道

工作篇

自己敬爱的这位神父将会开启天文学的新时代，把地球放逐到宇宙的边陲。

天文学家这个行当，好像特别容易出业余的大师，这不，200 多年后又出了一位，这次不再是行政型人才了，改成了艺术型人才——发现天王星的那位威廉·赫歇耳爵爷，当初是一位音乐家，在教堂里担任乐团指挥和风琴师，有时还要兼差音乐家庭教师来贴补收入，在演出季每天需要工作 15 个小时，经常只能在乐团演出中场休息时飞奔回家，见缝插针地观测上两眼。直到他发现天王星成为名人之后，才变成了"国王天文随从"，成了拿津贴的官方人员，不用再靠演出糊口。

赫歇耳的天文学声望，除了一鸣惊人发现天王星之外，主要就是在恒星的观测上，他因此被誉为"恒星天文学之父"。这主要是因为他自制望远镜技艺的高超——又是一门完全从业余入手，经过漫长的磨炼和摸索变成专家的手艺。按照赫歇耳自己的描述，望远镜在他心目中的地位，就跟他当初做指挥的时候女主角在歌剧里的地位一样重要。说起调试望远镜，他也经常拿演出前乐队的调音来作比喻。音乐与天文被他微妙地联系了起来，这个传统上承古老的毕达哥拉斯⊖——"宇宙即数，数即音乐"，等下我们在下一节还会看到，由于数学家对琴弦的探

⊖ 古希腊哲学家、数学家和音乐理论家，咱们老早就烂熟于心的勾股定理也叫毕达哥拉斯定理。

究，还会有更多的精彩发现呢。

不过对赫歇耳来说，作为一名纯业余选手，还是有许多不擅长的短板。特别是在熔铸望远镜镜面这方面，因为音乐和天文固然有一些相通，可是音乐家和铁匠那真的是完全没有交集的行当啊。一开始他还是找工厂代工的，可是后来做的望远镜越来越大，工厂表示这活儿我们干不了，于是他只好自己在自家地下室开山寨作坊。这可不是什么 DIY 手工香皂之类的小事儿，他要 DIY 的是一大面铜镜子！什么后院堆满了马粪（当时是用马粪来做铸造的模子）呀，炉子一开好几天浓烟滚滚呀，不知道合适的合金比例只好一点一点慢慢试验呀，铸好的镜子一冷却就从中间裂成两半呀，这些都不是事儿，有一次锅炉还直接裂了，熔化的金属落到地下室的青石地板上，石板炸裂开来，呼啸着飞得到处都是。幸好他都身手敏捷迅速逃开了，要不然天文学日后的发展恐怕也就没有赫歇耳什么事儿了。

1981 年，在赫歇耳发现天王星 200 周年的这一天，位于格林尼治的英国海军大学举办了一场赫歇耳专场音乐会，演出的曲目全都是赫歇耳作曲的作品。这位一生发现了无数颗双星的天文学家，自己也正是一颗在天文界和音乐界都闪耀光芒的"双星"。

业余天文学家直到如今也还在天文学的发展中发挥着作用。他们不像专业的天文学家那样有机会使用巨大的专业天文望远镜，但业余天文学家的优势在于他们遍布全球，而且可以联合起来进行全天候观测，所以在火流星、彗星等需要密切关注星空变化的领域，业余天文学家甚至比专业人士更有优势。

和天文学比起来，数学家这个行当对业余人士似乎就没那么友好了。不过在历史上，也有那么一位业余人士，他从来没以职业数学家的面目出现过，可是留给后世的难题，却着实让无数职业数学家前赴后继地奋斗了 358 年。这位就是专职的律师和议会议员，兼职的业余数学家，皮埃尔·德·费马。

说实话，在费马那个年代，数学家光凭研究工作来填饱肚子是不太可能的，当时只有牛津的"萨维尔几何学教授"这份工作能够让一个数学家安心于数学研究，其他人多数都还得找点儿私人赞助。不过费马家里刚好并不差钱，他老爸是个富有的商人，老妈是个贵族，这种家庭出身的小孩只要念了大学一般不是经商就是从政。费马的法官和议员生涯都很顺利，倒不是因为他工作有多么出色，而是那时候正是鼠疫横行的年代，不断有高官染病死去需要人递补，所以职位升得就比平时快多了（甚至连费马自己也罹患上了这种可怕的疾病，好不容易才从死神手里逃脱）。另外，当时规定法官不可以参加过多社交活动，以免在判决中出现偏袒（这个规定倒是很有道理）；再说那个时候政局也乱，正好是《三个火枪手》的年代，红衣主教黎塞留坐在首相的位子上，整个法国到处都充满了阴谋诡计，要明哲保身就必须什么也不掺和，恰好费马可以把精力都放在数学上。

费马确实也这样做了，一下班就窝在家里研究数学。不过他有个简直像是恶作剧的癖好：他特别喜欢"调戏"别的数学家，写信给人家说"啊，我今天证明了某某某定理"，把定理详细描述一通，就是不告诉人家是怎么证明的。这种摆明故意捉弄人的惹事行为经常搞得别人咬牙切齿，比如笛卡尔就曾经骂费马是"说谎的家伙"，怀疑他根本就没证明，纯粹是耍人玩儿。数学家最恨这种人了，要不怎么后来拉马努金拿着写满定理的本子还差点儿被人觉得是骗子呢？不过费马有他自己的道理：他从来不发表自己的证明，这样就可以抽身于数学家的小圈子之外，不必被别人拿着放大镜对自己的工作吹毛求疵，可以安心又自由地想研究什么就研究什么。简单来说，就是"为了不挨掐，宁可不出道"。当初帕斯卡催着他发表自己的研究成果时，费马的回答是："不管我的哪个工作值得被发表，我都不想其中出现自己的名字。"听起来简直高冷，反正作为数学家的名望什么的，这位议员也并不是那么需要。不是吗？

费马的工作成就主要集中在数学的三个分支领域内：概率论（他是创立者之一）、微积分（牛顿承认他是在"费马先生的画切线的方法上"发展出了微积分），还有数论，也就是传说中那著名的"费马大定理"所在的领域。这个向后世数学家发出的挑战，原本没想公开，纯粹是因为一本页边特别宽的书，才留存下来——我买书的时候最讨厌那种字体大行距宽，页边距留得又宽又大的书，总觉得那是在混版面骗人钱，但是感谢这本页边宽大的《算术》，在问题 8 的页边，这位"业余数学家之王"留下了他名垂后世的那句话：

"不可能将一个高于 2 次的幂写成两个同样次幂的和。"

这就是著名的"费马大定理"，在这句话的后面，他又附加了一句话，这简直就是他常干的那种恶作剧了：

"我有一个对这个命题十分美妙的证明，这里空白太小，写不下。"

你说对后世瞪着这句话心痒痒的数学家们来说，这话可恨不可恨？

而且他的这种干法还教坏了某些晚辈，比如哈代每次坐船渡海之前就会发个电报给同事："已解决黎曼假设，回来时将给出证明。"这个电报当然是吹牛的，为的只是万一有事故发生，一想着后世的数学家们那种冥思苦想的模样，也许他就会觉得：哎呀，可以很平静地面对死亡嘛。

费马在这本书的页边一共写了 48 个评注。在接下来的 300 多年里，其中的 47 个被一个接一个地攻克，只剩下费马大定理（严格来说，在被证明之前它不应该被称为定理，而应该被称为

"费马大猜想")。直到 1995 年,英国数学家安德鲁·怀尔斯在《数学年刊》上发表的那篇长达 130 页的文章(它同时也是史上被审核得最严格的数学文章)中才终于证明了费马这个猜想。如果费马的证明也是沿着同样的思路的话,那确实在页边的空白处是完全写不下的。

无心插柳的奇葩

科学研究是这么一种东西：在它的发现和研究初衷之间可能相隔万里。有的放矢这种理想状态在科学史上是小概率事件，因为真正重要的突破总是不可预知的。那些无心插柳的奇葩，往往更能够以研究者当初完全没能预知的方式来改变我们的世界。

有这么两个例子，一个叫小提琴，一个叫青霉素。

18世纪初，数学家们开始关心小提琴弦的振动问题。说实话，他们其实就只是在练习求解微分方程罢了，谁都不是为了提升乐器的质量。问题是这样的：给你一根理想的小提琴琴弦，在两个固定的端点之间把它拉成直线。假想你正在拨动这根弦，当你把它拉开时，它的弹性张力增大，于是产生一个把弦拉回初始位置的力。现在你松开手，弦马上在这个拉力的作用下开始加速。当它越靠近初始位置时，弹性张力越小，加速越慢。

不过，由于它一直在加速，所以在变成直线之后还会继续运动。现在张力向反方向拉，弦慢下来，在初始位置的另一边停止运动。然后整个过程重新开始，假如没有摩擦，弦将会从一边向另一边永远振动不休。

数学家的兴趣是弄清弦在任一时刻的细节。1748 年，欧拉出手了，他列出了一个偏微分方程。啥叫偏微分方程呢？这个方程里包含的变化率不止一个，它不但描述了相对于时间的变化率，还描述了沿弦的方向的变化率，因为按照牛顿力学，弦的每一小段的加速度与作用于这一小段弦的张力成正比，而弦内部的张力分布并不是均匀的。为这个方程的解大家曾经吵过好一阵子，不过看官您只要记住最后数学家们解决了这个琴弦问题就行啦：琴弦的振动方式是许多个正弦波的叠加。

现在数学家们把兴趣转向了鼓。同样也不是为乐器商服务，而是纯粹为了把方程的变化率再提高一阶，这回变成了"二阶偏微分方程"。还是欧拉，他很快又导出了描述鼓面的波动方程，它跟琴弦的不同之处在于，琴弦是一条线，而鼓面是一个面，每一小片鼓面所受到的力由所有邻近的小片鼓面共同决定。波动方程出现之后，物理学家们高兴啦：哎，这个方程哪儿都可以用得上呢！在流体力学里它描述水波的形成和运动；在声学里它描述声波的传递；在电磁学里它居然可以从描述电磁场的麦克斯韦方程组推导出来！哎呀，这不就意味磁场里有波的存在？并且还意味着电磁波以光速传递呢！这么说来光就是一种电磁波喽？

这个从数学形式上得到的物理推断需要以实验验证，于是实验物理学家们想尽办法弄出了电磁波。随后就是发明家们登场了，因为他们发现：哎呀，这个东西非常值得利用啊！接下来的各种专利纠纷啊、争名逐利啊、完全是经济行为，反正没多久之后，第一份无线电报被成功拍发，随后出现了广播、电视和 Wi-Fi。把数学、物理学、工程技术和市场经济之间冗长又复杂的相互作用总结成一句话，那就是：你看着电视、听着音乐、打着电话、刷着社交媒体的时候，有没有想过这一切都是从哪里开始的呢？这就是来自数学家们的一道练习题。

青霉素的发现是另一个挺奇葩的故事。如果亚历山大·弗莱明是一个喜爱整洁的人，恐怕跟青霉素连在一起的名字就得换一个了。哦，不，这并不是说他不讲卫生，作为一个微生物学家，轻度洁癖绝对算是他基本的职业素养。但是他喜欢把常用的东西就近摆放，那时候还没有为了懒人工作狂（这俩词儿放一起别扭不？）而设计的人体工学工作桌，培养皿层层叠叠地摆满了他的工作台，其中还分布着皱巴巴的香烟盒。实验室里的气味令人不敢恭维——那时候弗莱明正在研究葡萄球菌，这细菌的名字听着挺可爱的，但它不可爱的一点是，会散发出难闻的气味。再加上弗莱明有个特别的习惯，在实验结束后不会

我是个科学家,我没那么了不起
学霸的非典型往事

马上丢弃培养皿,而是保留一段时间,看看接下来会发生点儿什么。想想你们家要是一礼拜不洗碗,厨房会变成啥样吧,气味再加强若干倍,大概就跟弗莱明先生的实验室差不多了。

不管怎么样,弗莱明就是这么做着实验。有一次他外出度假回来,正好某个同事晃过来串门。两个人一边喝茶聊天一边漫不经心地到处乱看,忽然弗莱明看到有只没盖好的培养皿里长出了蓝色的霉菌。这原本倒也没什么好奇怪的,这种霉菌是真菌的一种,在任何有机体上都能生长,实验室里总难免有微小的霉菌孢子,只要飘落一点到培养皿里,就会长出菌落来,而且速度超快。这是霉菌跟其他生物抢夺食物的生存技巧:先一步使食物变质让别的生物无法食用,它就可以全部霸占啦。

不过弗莱明这次发现了一点儿不同的地方。那只培养皿原本是培养着金黄色的葡萄球菌的,这个东西原本应该铺满整个培养皿,可是在蓝色的霉菌周围,金黄色好像对蓝色有所畏惧似的,让出了一圈地方。这就很有趣了。

没人知道为什么同样看到了这一幕的同事居然毫无反应,也许是因为这样一幅景象对一个微生物学家来说司空见惯,以至于他都没分出点儿精力来多想一秒钟,或者当时他恰好在琢磨别的事,注意力一晃就过了。总之,接下来只有弗莱明对这种蓝色的霉菌表现出了兴趣。他培养了一些这种小家伙,发现它们很快就把培养皿里的营养液变成了金黄色。用这种金黄色的液体，居然也能达到杀菌的效果。

确定了这种霉菌有效之后，接下来需要确定的就是，是不是只有这种霉菌有效。弗莱明那段时间几乎是试过了自己能找到的所有种类的霉菌，而霉菌这东西可不会长在那些让人心旷神怡的地方，他甚至连朋友的一双旧鞋子都没有放过。若干实验做下来，确定只有青霉菌的分泌物才对细菌有杀灭作用，哪怕是把它稀释1000倍也仍然有效。奇妙的是，这个东西却似乎对动物没什么害处，把它注射到动物的身上，第二天动物们仍然活得很好。后来人们才知道，这是因为青霉素破坏的是细菌的细胞壁，而动物细胞一般没有细胞壁，所以不会受到它的影响。

人类历史上第一种抗生素就此被发现了。弗莱明后来想起来都觉得不可思议，没错，青霉菌是一种特别常见的真菌，长毛的食物常常就是它们的杰作，可是他的实验室里原本并没有这东西的孢子，它很可能是从开着的窗户飘进来的，而且还恰巧落到了培养皿里，而且培养皿里恰巧还长满了细菌，而且两者的颜色对比还那么鲜明，让他可以一眼看到。他为这种物质起了个名字，因为希望人知道它来自青霉菌，就用了青霉菌的名字缩写，中文音译为盘尼西林，而意译则是"青霉素"。

青霉素是"二战"期间的三大发明之一，另两件是原子弹和尼龙。其中原子弹的花费最大，集中的精英头脑最多，威力

我是个科学家，我没那么了不起
学霸的非典型往事

———

似乎也最可怕，但是要论起改变世界的能力，那还是青霉素更强大一些。弗莱明因为这一发现获得了诺贝尔奖，不过对他来说，最大的奖励应该还是由青霉素挽回的无数生命吧。

电磁波和青霉素的发现，虽然看上去都很偶然，但实际也是相关学科发展到这一步的必然结果——相关的知识都已经齐备，有足够数量的科学家在进行工作，其中有谁偶然撞到这样的发现都毫不奇怪。不过还有一些发现，那就真的只能用奇葩来形容了，因为这么碰巧的事儿，原本哪怕全世界的科学家们都一起来撞运气，也不见得能有人撞得到。

1982 年，日本科学家小柴昌俊在一个废弃的矿坑里灌满水，修建了一个用来探测质子衰变的探测器，起名叫神冈探测器。为什么他想要探测这个东西呢？因为有些试图统一各种相互作用力的"大统一模型"预言质子会衰变，如果真的探测到这种事件的存在，就能证明这些理论至少部分是正确的。

不过按照大统一理论的推测，质子的寿命非常长，至少有 1 亿亿亿亿（10^{35}）年，所以如果观测的材料里有 1 亿亿亿亿个质子，那每年差不多能发生一次衰变，而且还不能保证一定会被探测到。所以探测器建了好几年，想探测的东西还没能等到。就在这时，在银河系的邻居——大麦哲伦星云里发生了一次超新星爆发。这是望远镜发明以来，也是现代科学诞生以来人类第一次目击到超新星的爆发。在爆发的光线抵达地面的望远镜之前，先一步释放出的中微子已经来到了地面。中微子是个很奇妙的小东西，它几乎不会与地球物质发生反应，可以轻而易举地穿过地球。不过正因为如此，它会轻松地以高速穿过神冈探测器里的水，速度比水里的光速还要快。这会导致一种叫作"切连科夫辐射"[一]的现象，产生辉光，让人们察觉中微子的痕迹。神冈探测器一共探测到 19 次这样的辉光，也就是探测到了 19 个中微子。这些中微子都来自背离太阳而朝向超新星的方向，所以一定是由超新星发出的。这是人类第一次探测到来自太阳系外的中微子，小柴昌俊也因此获得了诺贝尔奖。至于他本来是想要找啥，那已经不重要啦。

值得一提的是，建造探测器寻找质子衰变这样的设想，当初原本是中日两国科学家一起提出的。后来小柴昌俊得到了经费资助，而中方的科学家却没有申请到经费。这也算是中国与诺贝尔奖的一次失之交臂，毕竟，无心插柳柳成荫，那也得先把柳条插下去才行啊。

[一] 1934 年，苏联物理学家帕维尔·阿列克谢耶维奇·切连科夫发现，当在介质中运动的电荷速度超过在该介质中的光速时，会发出一种以短波长为主的电磁辐射，看上去就是一种蓝色辉光。随后在 1937 年，另两名苏联物理学家伊利亚·弗兰克和伊戈尔·塔姆成功地解释了这一现象的成因，这三位科学家因此而获得了 1958 年的诺贝尔物理学奖。

我是个科学家,我没那么了不起
学霸的非典型往事

情 感 篇

好兄弟，一辈子

1872年，一家子俄国犹太人搬到了当时普鲁士的柯尼斯堡。这里是曾经大师云集的传奇城市，诞生过哲学家康德、物理学家基尔霍夫和数学家哥德巴赫。欧拉那个著名的"柯尼斯堡七桥问题"就是以这里的七座桥为原型的，它也标志着数学的一大分支——拓扑学的发端。现在这家人搬来之后，柯尼斯堡的户籍册上又多了一个将会写入历史的名字，而河对面的另一户人家里，还有另一个天才正在成长。

20世纪最伟大的数学家，大卫·希尔伯特在10岁时迎来了他的毕生好友，比他小两岁的赫尔曼·闵可夫斯基。

希尔伯特回忆童年，说自己是个笨孩子。不过闵可夫斯基却从小就显得异常聪慧，每当数学老师因为对某道题理解错误，在黑板前石化了的时候，班上的孩子们就会异口同声地大叫："闵可夫斯基，去帮帮忙！"

情感篇

虽然后来希尔伯特的成就远高于朋友，而闵可夫斯基更多的是以"爱因斯坦的老师"这样的标签被人们记住，但在青年时代，闵可夫斯基是先成名的那一个：18岁时，他赢得了法国科学院的数学科学大奖。对当时的柯尼斯堡人来说这可是个轰动的消息，特别是这个奖项还有一群愤怒的英国人作为背景：闵可夫斯基是和英国数学家亨利·史密斯[一]共同分享的这个奖项。英国人民气坏了，让他们已故的尊贵同胞和一个名不见经传的德国小毛孩平起平坐，他们觉得这是一种侮辱。不过柯尼斯堡人才不管这些呢，他们欢呼雀跃，对这件事的看重只消这么一个例子就可以说明了——老希尔伯特郑重地告诫儿子："冒冒失失地去和这样知名的人交朋友，是很不适当的。"

希尔伯特没听父亲的警告，他很快就和闵可夫斯基成了好朋友。两个人每天下午5点钟准时一起在校园里一边散步一边讨论数学问题，这个"数学散步"的传统后来保持了一生。他们俩先后拿到了博士学位，随后又各自分开，不过始终保持着通信，不管谁写了什么文章都要先拿给对方看一看。这时，希尔伯特开始作为一名数学家崭露锋芒，而闵可夫斯基则渐渐被物理学所吸引，脱离了纯数学的领域，后来才又回到数论的怀

[一] 史密斯可是很牛的，月面上那么多月海只有两个以人名来命名，他的大名就在其中。

我是个科学家，我没那么了不起
学霸的非典型往事

抱。两个好朋友一边在为升职苦恼[○]，一边想方设法调到一起。但这个目标直到希尔伯特功成名就之后才得以达成：希尔伯特40岁那一年在哥廷根得到了"枢密顾问"的头衔，这在德国是比"教授先生"还要"高大上"的地位。同时他受到了另一所大学的聘请，于是他就去找教务官，表示如果哥廷根不能另设一个教授席位，把闵可夫斯基弄来的话，那我就要走啦！

这一招立竿见影，两个好朋友终于在哥廷根碰头了。他们兴高采烈，终于可以有事没事都凑在一起讨论数学啦。两个人一起指导数学讨论班，风格完全不同，但是恰好相得益彰。要知道，在苏黎世理工学院，闵可夫斯基那羞怯又有点儿结巴的讲课风格可是吓跑过一个叫作阿尔伯特·爱因斯坦的学生，不过在哥廷根，这里的学生好像很受用，他也变得越来越喜欢这里，开始在课堂上变得活跃而放松起来。比如有一次讲到拓扑学里的"四色定理"，闵可夫斯基那时候大概是讲得高兴了，表示这个定理还没有被证明，因为一直以来只有三流的数学家才关心它，孩儿们稍等下待我证明给你们看！结果到了下课，这个定理也没能被证明出来。下节课，这个定理还是没能被证明出来。如此这般过去了好几个星期，大家都意识到闵可夫斯基

○ 那时候他们都是讲师，德国的讲师是没有薪水的，只能靠向来听课的学生收取听课费来获取收入，非常不稳定，希尔伯特甚至曾经开过只有一个学生的课。

情感篇

这次大概是玩脱了。终于有一天,天上电闪雷鸣,闵可夫斯基"脸色和天色一样阴沉地"走上讲台,叹了口气。

"老天被我的骄傲激怒啦。"他承认,"我对四色定理的证明也是不完全的。"

附带一提,四色定理通俗点说就是任何一张地图都可以用四种颜色来染色,而且还能保证不会出现相邻接的两块区域颜色相同的现象。关于它的猜想早在 1852 年就由一名制图员提出,却直到 1976 年才被证明,使用的是计算机的穷举法。好些数学家不肯承认这种狮子搏兔的蛮力是一种数学证明,比如爱多士就死不承认四色定理已经是个定理了——"那不是数学!"

也就是在这个时期,哥廷根被这一对好朋友变成了全世界学数学的学生心目中的圣地。每个人都听到过这样的忠告:"扛起你的背包,到哥廷根去!"希尔伯特已经变成了大红人,络绎不绝的访问者前来他的住宅拜访。管家会把来访者指引到后院,告诉人家:"假如看不到教授,请往树上瞧瞧。"因为希尔伯特有在户外工作的习惯,通常都是在后院的一块大黑板前,但如果一时思路不畅,那他就会扔下粉笔在花园里骑几圈自行车,或者修剪一下树枝。而闵可夫斯基开始关注爱因斯坦的狭义相对论,他深深遗憾于这个精彩理论的数学表达居然这么粗糙。他知道这是为什么,因为爱因斯坦的数学就是他亲手教的,这个家伙上学的时候经常缺课,于是他动手为相对论引进了四维时空观。这时他还不满 45 岁，年富力强，刚刚找到新的兴趣方向，创造力达到一生中的顶点。可是就在这时，灾难降临了：一场急性阑尾炎的发作夺去了闵可夫斯基的生命——周日晚上发病，周二中午的时候，闵可夫斯基还在要求想见希尔伯特最后一面，可是等希尔伯特听到消息立刻动身到医院的时候，好友已经去世了。

根据当时的学生回忆，周三早上，希尔伯特向他们通报闵可夫斯基已经去世的消息时情不自禁地落泪了。而对他们来说，由于希尔伯特在他们心目中的崇高地位，"看到希尔伯特流泪简直比听到闵可夫斯基去世带来的震动还要大"。在闵可夫斯基去世之后不久，希尔伯特编辑整理了闵可夫斯基的文集，还出版了当初在"数学散步"中宣布过的对"华林定理"⊖的证明，闵可夫斯基弥留时还记挂着这条定理，但这一次的校样，已经不再有他可靠的目光来审阅了。

而希尔伯特为这本书写的题赠是：为了纪念赫尔曼·闵可夫斯基。

科学史上还有另外一对学霸好友，那就是泡利和海森堡这

⊖ 华林问题是一个数论问题。1770 年，爱德华·华林猜想，对于每个非 1 的正整数，都存在一个正整数 $g(k)$，使其可以表示为 $g(k)$ 个 k 次方数之和。希尔伯特证明了 $g(k)$ 的存在，但 $g(k)$ 和 k 之间的关系至今无人知晓。

对师兄弟。和希尔伯特他们那一对不同,这两位是到了大学才认识的。泡利比海森堡大一岁,高两个年级,曾经帮老师批改过海森堡的作业。两个人都出身知识分子家庭,海森堡的老爸就是慕尼黑大学的教授,而泡利更是有个赫赫有名的教父——恩斯特·马赫。不过两人的性格南辕北辙,简直是猫头鹰与百灵鸟般的互补:海森堡文静温和,泡利尖刻坦率;海森堡喜欢户外活动和阳光,泡利喜欢晚上泡酒吧和咖啡馆;海森堡习惯清晨起床开始工作,泡利过了午夜工作热情就开始熊熊燃烧,之后要睡到中午过后才会爬起来——大概正是因为这样的相反又相成,才让这两位学霸虽然在慕尼黑大学只同窗了两个学期,却成了一生的好友吧。

和其他的好友一样,泡利和海森堡也保持密切的通信,互相通报自己的突破与进展。两个人也互相替对方留意着合适的工作方向和机会。海森堡到哥廷根跟着玻恩做研究,兼差他的"私人助理",就是由这个职位的前任泡利推荐的;在发现不确定性原理之后,海森堡给泡利写了一封整整14页的长信;而当泡利得知了狄拉克建立量子场论的工作方法时,也会第一时间写信给海森堡,建议他考虑量子电动力学的工作。泡利一生都是一个不知疲倦的批评者,他的绝顶聪明更多地用在"破"而不是"立"上,一旦他察觉海森堡有点抱残守缺、不思进取的倾向,就会开动马力猛轰一番,这种时候海森堡总是很乐意地倾听着，随即想办法去改进；而当海森堡在面对波动力学和矩阵力学之间的矛盾，心里觉得委屈的时候，泡利也是他唯一会写信去倾诉的人。

1928年，海森堡在莱比锡当上理论物理教授，和泡利两个人更是联手制订了海森堡—泡利研究计划，把相对论量子场论作为突破方向，两个人还在1929年合作了一篇不太成熟的论文，开启了关于波动场中量子力学的紧密合作。这样的合作一直持续了很久，特别是在20世纪30年代，纳粹统治下的德国学术研究基本瘫痪，还留在德国的海森堡几乎只能通过与泡利的通信来保持与物理学界的联系。他们最后的合作是在1957年，试图寻找一个可以作为统一场论基础的方程，一开始海森堡还真以为自己找到了，把这个公式命名为泡利—海森堡公式，还在普朗克诞辰100周年的演讲上向世界透露了这个"宇宙的秘密"——这也就是泡利勃然大怒，写信去声称"我的画和提香一样好"的那一次（咱们后面会说到）。不过他虽然对这个公式提出了严厉的批评，但还是鼓励海森堡继续进行下去。此后不久，泡利就因病去世了，而海森堡也步了爱因斯坦的后尘，虽然把余生的精力都投注到统一场论上，却始终一无所获。这一对学霸的友谊，可以用海森堡给自己的第一个儿子起的名字来证明：沃尔夫冈，这是泡利的名字。

科学家也有坏脾气

这一节要是有个副标题，那必须得是：没有论坛的时候科学家是怎么掐架的。

俗话说得好，人吃五谷杂粮，哪有不生病……哦，不，是不生气的。学霸们也是人，当然也有跟同行掐起来的时候，而且这种情况还不少呢。他们的招数流派大致有两派，其一曰"你胡扯！"，进化的大招是"你小白！"。这一派出招简单见效快，对使用者的身份地位没什么要求，但是杀伤力不大，对方完全可以置之不理。在对方个性柔弱的时候能产生暴击，在重复足够次数之后可能触发自信衰减。其二曰"你抄袭！"，进化的大招是"你抄袭我！"。这一派出招就有些风险，除非自己嗓门够大，或者朋友够多，不然一把暗器撒出去容易被大风刮回来，围观群众只要嘀咕一句"你谁啊？人家犯得着抄你的吗？"

就立刻一败涂地。在有组织、有纪律、有正规出版物的时候产生暴击，面对不会拉丁文的准文盲有奇效，科学偶像使用此招有明星加成。

科学家真正成为一个职业的历史只有 300 多年。科学研究从业余爱好向专业工作的转化，是从各类学会和学院的成立开始的。那正是弗朗西斯·培根提出"知识就是力量"的时候，从那时起，科学家们开始集中起来，增加了沟通和交流的机会，当然也就增加了掐架的主观需求和客观可能。历史上第一个正式的学会是意大利的山猫学院，很快发展成一个论坛——是真的论坛，不是现在这种网络上的虚拟平台，大家围在一起谈论问题，真人过招，每一句话都是实名的。史上第一位赫赫有名的"掐架"专家伽利略就是从山猫学院出道，练就了一身舌战群儒的好功夫。伽利略是"你小白"派的大宗师，跟人争辩问题几乎没有输过。不过伽利略有一个最大的缺点是过于激进，辩论起来穷追猛打，不到"号令江湖莫敢不从"就不肯停手。这一方面是因为科学不讲人情世故，真理面前一切都要靠边站；另一方面也是因为伽利略那时候家里经济境况窘迫，非常急于成为"新时代的亚里士多德"：有了名望才有钱赚有赞助拿，这在哪个时代都一样。结果他能量太大，鼓吹太猛，最后终于被教廷软禁起来，不许出书不许教学生，相当于被超级版主封号拉黑，被迫金盆洗手，退出江湖。

情感篇

综合起来看,伽利略的一生是战斗的一生,虽然一个人改变了天文学(用望远镜)和物理学(用实验),但全欧洲的科学家都跟他有交情无友情。有一个小八卦可以作为他桀骜急躁性情的一个注脚:佛罗伦萨的伽利略博物馆至今保留着他的右手中指在馆中展览,而且是竖着摆放的。不过一个人孤军奋战的时代已经过去,接下来的掐架界,就是团体作战一统江湖的时代了。

因为伦敦的皇家学会和巴黎的法兰西科学院都已建立起来,科学家开始有了组织,科学史上最伟大的巨星也在伽利略去世的同一年来到人间。伊萨克·牛顿爵爷在一手改变科学界的同时,也为掐架界带来了腥风血雨,而英伦三岛与欧洲大陆、孤立与联合、英国与法国,这之间地理、文化与政治上的差异与矛盾,也为接下来将要上演的史上第一混战添了一把柴火。

平心而论,当我们用现代的眼光去回顾往事的时候,往往容易忽略掉历史当事人身处的环境,轻飘飘地做出一些并不公平的结论。参加掐架有时候并不代表什么,这就跟你的微博首页上哗啦啦被刷屏,每个朋友都在就同一个问题跟人长篇大论争吵的时候一样,很少人能忍得住不带评论转发的。一旦转发之后就无法抽身了,因为掐架这个事儿吧,每个人都希望自己说的是争论中的最后一句话,好像那就代表自己胜利了似的。当然,每场争论最终必然会有人说到最后一句话,但那跟你是否胜利和是否正确几乎没有关系,决定这件事的只有一个要素,那就是你是否活得最长。

从这个意义上来看,牛顿爵爷是掐架史上前无古人,后也无来者的大赢家,因为他虽然曾经是个险些夭折的早产儿,却活到了85岁,对那个年代来说,这绝对算是高寿。那个时候,他的绝大多数对手和帮手(和伽利略一样,牛顿的朋友也实在不多)都早已离开人世,不能辩驳他说的任何一句话了——这是文艺一点的说法,通俗点说,就是他们之间一直掐架,掐到死。

当然,牛顿并不是一生下来战斗力就这么彪悍的,他也需要"打怪升级",一开始甚至还吃过不小的亏。从头翻阅牛顿的书信集,就能够明显看出他从掐架新手进阶到掐架宗师的过程。

皇家学会的秘书虎克是牛顿在掐架界通关的第一个大Boss,这一位算得上是"你抄袭"派的开山祖师爷,据说他在皇家学会里的口头禅就是"这事儿我早就想到了!"。在一群科学家里,每次有谁发表什么新发现他都跳出来这么说上一句,可想而知,他在皇家学会里的人缘不会太好。而且这种话说多了之后就变成了"狼来了"的故事,后来他真的在牛顿之前发现了平方反比定律,提出来却没人信了。说起来牛顿爵爷也不是盏省油的灯,虎克这头声明说平方反比定律我早就想到了,牛顿是借鉴了我的笔记!牛顿那头就把《自然哲学的数学原理》里对引用虎克工作的说明全都给删了,一个字都不剩。牛顿后来还有句名言你一定知道——"如果说我比别人看得更远,那是因为我站在巨人的肩膀上。"嗯,这基本算是牛顿在虎克这一关的通关宣言,通常人们把这句话理解为牛顿的谦虚之言,其实牛顿这么说有可能是在嘲笑虎克是个驼背。而且牛顿爵爷在掐架上还有个巨大的优势,他长寿,所以发言机会总能比对手多得多。虎克比牛顿早死 24 年,身后连一幅画像都没留下,据说就是被牛顿撤下来的,差点还把留下来的手稿和笔记一把火给烧了。看来,要想彻底惹恼一位科学家,最便捷的办法就是指着他的成果说"这是抄我的"。

  从那之后,牛顿就神功大成,不管是"你胡扯"还是"你抄袭"派的大招都使得举重若轻,而且他又手持皇家学会这一利器,在接下来的掐架生涯中几乎战无不胜,只有科学成就能够与他相当的对手(这样的对手在那个时代恰好还真的有一个)才能化解他这些可怕的大招。不过,牛顿一生中这唯一的一次平手,却间接导致了英国数学界在随后的一个世纪里从领袖群伦的位置上退下,落后于欧洲大陆。

  这次战斗的 tag ⊖是 # 谁发明了微积分 #,提起话题的是有百万粉丝的大 V@ 伊萨克·牛顿爵士,蓝 V@ 英国皇家学会的

⊖ 表示标签,在微博中被广泛应用,目的是更好地显示和突出搜寻
 的重点关键词或词条,以便更好地索引和指导用户浏览和检索。

实际管理者，应战的是另一位大 V@ 莱布尼茨——其转发量和粉丝数都比前者少得多。从现在掌握的资料来看，他们两位确实是各自独立地发展出了微积分学，牛顿在先，但是他从来没有发表过这些成果；莱布尼茨在后，但他工作的过程中从未知道牛顿的工作，而且他发明的符号更利于交流和书写，因此一直被沿用至今。

这其实也体现了英国科学界和欧洲大陆工作方式的区别：欧洲大陆上的科学家已经习惯了就某一个问题通力合作，大家各自做出一部分的贡献，而不是把成果都归于某一个人。而英国科学家还保持着业余时代的习惯，牛顿更是一个极端的例子，根本不愿意和人讨论自己的科学发现，而且总是担心别人"偷窃"他头脑中的成果，甚至因此对发表成果心生恐惧。这在他给莱布尼茨写的一封长信中体现得特别充分，他既需要确凿地表明自己在多年前就已经获得了相关的突破，又担心别人知道了他的工作成果会窃据己有，于是写出了这么一串密码：6accdae13eff7i319n404qrr4s8t12vx，来代表自己对微积分的定义。

这一次，掐架宗师牛顿爵爷对上还是掐架新手的莱布尼茨，莱布尼茨根本没意识到自己得罪了谁，在他的理解里，两个人合作完成某项成果是多么自然的事儿呀。不过牛顿的组合拳来得很快，首先是在《自然哲学的数学原理》书稿里声明了自己的优先权，祭出了"你抄袭我"大招；随后英国的数学家们就开始群起而攻之，纷纷在书稿和论文里表示牛顿说得对，一大批大 V 开始带评论转发。莱布尼茨一开始没有用大号（真名）站出来，只是用小号（匿名的方式）投稿反击，认为牛顿才是那个剽窃者。但是这件"马甲"很快被扒了下来，导致战斗落入下风。跟有明星光环加成的关底 Boss 战斗是很困难的，有大批的粉丝热心地为牛顿说话，而且牛顿还成立了一个由他的粉丝组成的委员会来进行"公平而正式的调查"，调查报告是牛顿自己写的。这导致了莱布尼茨和他的朋友——数学家伯努利的反击，他们也写了一份传单，寄到欧洲的各个学术中心。争端愈演愈烈，连国王都被卷入了，乔治一世作为莱布尼茨的老东家，指示牛顿写封信给莱布尼茨，平息这场争论，但是牛顿这辈子什么时候宽恕过别人，特别是在他占上风的时候？所以这封信只是把他自己写的调查报告换了个语气重复一遍，并且坚持说自己是正确的。

  这封信之后，争端的确暂时平息了，因为莱布尼茨患上了重病，再也没有对牛顿的指责做出回复。从牛顿向莱布尼茨寄出那封密码长信，到后者去世，这场架一直持续了整整 40 年。在牛顿看来，他大概是取得了又一场胜利，但是欧洲的学者一直拒绝接受牛顿是微积分的发明者，欧洲大陆和英国又接着吵了 100 多年。这一方面是因为牛顿发明的微积分根本就不是为了给别人用的，符号既不好学也不好用，用现在的话说，界面对用户非常不友好；另一方面是在之前那 40 年的战斗中，伦敦和欧洲的数学界之间的学术争执已经发展成了意识和流派的阵营争斗。结果，英吉利海峡两岸的哲学和数学思想分裂延续了好几代人，英国数学家拒绝使用莱布尼茨发明的那一套友好的符号，以至于在后续的发展中落后对手，这场发生在史上两位最伟大通才之间的战争，实际上没有赢家。

天生吐槽狂

还有一些学霸，说话也是相当地一针见血，不过一般都是对事不对人。对其中某几位来说，这还是个奇妙的萌点呢。

这方面最典型的例子还是泡利。完美主义的聪明人是世界上最可怕的生物之一。首先，他能发现任何错误；其次，他不原谅任何错误；第三，他完全不含恶意，所以说起挑剔的刻薄话来格外理直气壮，甚至咄咄逼人。能够忍受一个既明察秋毫，又一丝不苟的吐槽狂超过10年的朋友，要么是个超级老好人，要么就必须是对方的超级粉丝才行了。

当然有时候这两项其实是兼而有之的，比如泡利和海森堡这对好友就是如此。泡利也许是有史以来最聪明的物理学家（虽然很可惜不是成就最高的），很可能还是最敏锐的，并且毫无疑问一定是最毒舌的。什么听完一个报告之后评价道"这是我听过的最糟糕的报告"，然后扭头对另一位同行说"不过要是你来讲的话一定更糟"；什么朝同事问个路得到解答之后大惊曰"原来不谈物理学的时候你脑子很清楚"……总而言之，没有最毒，只有更毒，甚至连对唯一的偶像爱因斯坦都能劈头一句"爱因斯坦刚才说得还不算太错……"。据说理查德·费曼还是研究生的时候有一回要做报告，听说泡利教授在台下，仅仅是一个从外套内袋里拿讲稿的动作就因为手抖而费了老半天工夫。至于他对待作为老友兼师弟的海森堡，就更不用说了，泼冷水的时候那是绝对毫不犹豫的。海森堡跟他在大学是学弟和学长的关系，当初刚认识的时候就听了他一句劝："相对论方面近期没啥进展的可能，原子物理方面倒是大有机会。"从此海森堡开启小弟模式，学长说什么就听什么。即便是在他得了诺贝尔奖之后，依然只要一在物理上出错就被泡利大骂一顿，而且不论时间场合。有一次海森堡挟"诺贝尔获奖者"的名头做演讲，讲完就被台下的泡利当众噼里啪啦从 A 到 Z 地批评了一番，听得其他观众面面相觑。这两位倒是一点儿也不在意，物理归物理，朋友归朋友，吃过晚饭就一起散步去了。

但是泡利教授毒舌归毒舌，看问题的犀利精准那是有口皆碑的，人送外号"上帝之鞭"，又名"物理学的良心"，意思是他的尖酸刻薄都是代表上帝惩罚你呢。有个看问题几乎从不出错的家伙帮你拿主意其实是很省心的，代价是动不动就一盆凉水泼下来。有时这凉水还得琢磨一下才能拐过弯来，比如海森堡不知道为什么过早地向媒体透露说自己与泡利正在合作研究的统一场论已经基本成功，"只是还差点细节"——这确实太冒失了，物理学家们至今都在为统一场论焦头烂额呢。泡利从收音机里听到了这个"喜讯"，这次真的是生气了，寄了张白纸给他，附张字条："我的画和提香一样好，只是还差点细节。"至于海森堡怎么灰溜溜回信认错的，那我们就不知道了。

比起朋友，做泡利先生的学生就比较倒霉了。这位先生眼界太高，要得到他的表扬难比登天。通常他会准备三种评语给学生，视情况不同而使用："错""非常错""甚至算不上错"。最后一种可绝不是没错的意思，那是说"甚至够不上错的资格"，也就是完全的荒腔走板，连离谱都算不上，因为根本就不存在一个"谱"！相对地，能从他那里得到的最高评语就是"居然没什么错"，要是哪个学生被他这么"夸"一句，那就欢天喜地去吧。可惜泡利先生一生不管是对物理学家还是对物理学问题几乎从没走眼，单单错看了两件"居然没什么错"的事儿：一是电子自旋，一是宇称不守恒。当年拉尔夫·克罗尼格发现了电子自旋，高高兴兴把论文拿去给泡利看，结果被骂了一顿，因为计算不符合相对论。就是因为"居然没什么错"如此难得，后人才杜撰了这么一个冷笑话，说泡利去世后上了天堂，看到上帝关于宇宙的构造，思考了半天，回答是："居然没什么错。"

和得理不饶人的泡利比起来，狄拉克的一针见血就显得客

我是个科学家，我没那么了不起
学霸的非典型往事

气多了。他因为小时候被老爸逼着学法语，规定在家里必须用法语说话，而他那个完美主义的个性又是绝不容许自己开口出错的，所以养成了说话之前先考虑清楚的习惯。而他这个习惯在哥本哈根研究所遭到了严重挑战——玻尔说话是出了名的口音重兼含糊不清，而且一个句子经常组织得七零八落、旁逸斜出，跟他说话真的是要逼死强迫症的节奏。有一次玻尔对秘书口授一篇文章，对一个句子没完没了地反复修改。那时候可没有电脑排版，速记都是用铅笔，多改几次稿子就没法看了。向来惜字如金的狄拉克默默旁观了许久之后，终于忍不住开口，而且很难得的是句子还相当长：

"我在学校里学过：不知道怎么结束一个句子的时候就不要开始它。"

对玻尔如此，对学生有时也一样。狄拉克绝不是那种会对你苦口婆心、言传身教的教授，他更希望你能自己想办法做研究，他偶尔会在方向和方法上点拨一下。所以你要是太缠着他，就会得到含蓄的批评。有一次他的学生席艾玛㊀兴冲冲地跑进办公室找他，报告道："亲爱的教授，我终于把恒星的形成和宇宙问题联系起来了，我跟您说说好吗？"狄拉克沉吟了片刻，答道："No, thank you."

㊀ 也就是斯蒂芬·霍金的导师，所以狄拉克可以算是霍金的师公。

其实挺能理解席艾玛当时欲哭无泪的心情对不对？所以他后来变成了另一个极端，成了一位与学生非常亲近的导师。

狄拉克是量子革命里唯一没生长在德语文化圈的一位。讲德语的学霸们往往热爱艺术，一般至少擅长一种乐器，不少人具备专业级的演奏技巧。狄拉克则好像对艺术不太感冒，至少是没那么文艺。有一次苏联物理学家卡皮查送了他一本英文版的俄国文学名著《罪与罚》，后来问他读后感，狄拉克回答："书不错，但有一章里太阳升起了两次。"——"一句话扑灭小清新"这个技能如果也有世界性奖项的话，那狄拉克也是很有竞争力的。对某些朋友的文艺倾向，他有时也会表露出不解（都是大家在一起气氛热闹起来之后他才会开口，而句子也很长），比如评论他的同学兼好友奥本海默对诗歌的热爱，狄拉克的看法是："科学的目的在于令困难事物以简单方式得以理解，而诗歌的目的在于以复杂方式表达简单事物，这两者是不可兼容的。"

当然，奥本海默也修炼了无意识开嘲讽的技能，而且比狄拉克还要厉害，因为他毕竟还是个诗人嘛。最有名的一次大概要数他在哥廷根当研究生的时候对他家导师玻恩说的一句话："这篇文章写得非常好啊，真是你写的吗？"

没办法，因为罗伯特·奥本海默是在一个家教超级严格的有钱人家养尊处优地长大的，12岁时就发表了平生第一篇论文

(关于矿物学),在大学里年纪比绝大多数同学都要小,又从来不缺钱花,难免养成了强烈的优越感。而不接地气的结果就是一不小心就会冒犯到别人。比如有一次他邀请一位同学两口子一起和他出去散步,但是同学的太太表示要照看家里的小婴儿不能陪他们出去,这是多么正当又得体的原因啊,可是奥本海默少爷随口就回了人家一句:"哦,没关系,那你就在家干农妇的活儿吧。"

你看要命不要命?这位同学没当场跟他绝交,可真是宽厚啊。

要说奥本海默这么聪明的一个人,日后也显示出了强大的领导能力,怎么就这么爱得罪人呢?也许坏就坏在他这个人太聪明,眼里又揉不得沙子,凡是看到愚蠢的事儿就忍不住要不客气,说话的调调又特别高冷,尖酸刻薄讽刺人的时候还拐着弯儿地卖弄机智——实话说吧,单在开嘲讽这件事上,倒是真有点林妹妹的范儿。喜欢他的人(他的学生可都是他的脑残粉,连他点烟的姿势都学得惟妙惟肖)当然会觉得:老师真是好帅啊!连嘲讽都这么低调奢华有内涵;不喜欢他的人那当然是怒火中烧,觉得受到了莫大的侮辱。而且奥本海默吐起槽来是众生平等一视同仁的,有一年他以前在哥廷根的一位老师、老教授詹姆斯·弗兰克到他任教的加州大学伯克利分校访问,做了个系列讲座叫"量子力学的根本意义",中间去听了奥本海默的学生讲的一堂课,老教授很积极地举手提问,不过提的问题表明他对这节课的内容很不了解。于是教室里某个幽暗的角落凉丝丝地飘过来一句话:"我不想谈论什么量子力学的根本意义,不过刚才这个问题提得实在愚蠢。"他一辈子无比敏锐广博,好像没有他不了解的领域(他大概是唯一懂得梵文的非印度物理学家,为的只是可以方便地研究东方典籍),最不擅长的事儿就是照顾别人的自尊心,要想在他面前得到尊重,除非拥有和他相当的智力,否则就免谈。这种吐槽的习惯使他树敌不少,后来在他遭到政治迫害、被怀疑是苏联间谍的时候,虽然绝大多数科学家都坚守节操为他做证,但还是有那么几位跟他颇有旧怨的人士提供了对他不利的证言。所以说,吐槽有风险,开口需谨慎。

执子之手，拉着跑走

1571年底，25岁的第谷·布拉赫爱上了平民女孩克莉丝汀。这个个性高傲、脾气暴躁的贵族青年此前已经在一次决斗中失去了鼻子，据说他发挥自己那超凡脱俗的炼金术本事，用金银合金做了个与肤色全无二致的假鼻子天天戴着。要说第谷那也是衔着银汤匙出生的公子哥儿，生在自家的城堡里，父母都是丹麦望族，衣食无忧，少年成名，用整整一个岛来修建他那著名的汶岛天文台，人生简直不能再顺遂了。只是在25岁这一年有了点小小波折：父亲生病了，于是他暂时结束在外的观测工作，回家探望。就在父亲去世的这一年，他在家乡认识了克莉丝汀，两个人很快彼此相爱。第谷是贵族，克莉丝汀是平民，两个人门第悬殊，不能在天主教堂举行正式的婚礼。不过丹麦的法律里有这么一条：要是一个贵族男子和平民女子以夫妻的名义住在一起，并且这个女子掌管着家里的一切钥匙，担任实际的女主人角色，那么这样三年之后，就承认两人的贵贱通婚成立。

三年的时间说长不长，说短不短，不过没人担心过第谷会反悔，因为他是个说一不二的脾气，承诺了什么事儿就一定要做到。他和克莉丝汀共同生活了 30 年，直到第谷去世为止，一共育有 3 个儿子、5 个女儿。他们在这种贵贱通婚的形式下，男方可以保留自己的贵族身份，但女方依然是平民，孩子本来也应该随着母亲的血统，都是平民，没有资格继承父亲的封地。不过第谷多聪明呀，这些孩子全都过继给了妹妹苏菲，这样自己的遗产拐了个弯儿，还是到自家孩子手里了。

这三年之间改变的不仅仅是家事，还有世界观。1572 年，仙后座出现了一颗超新星，后来的人们把它称作第谷超新星。这颗突然出现的明亮恒星昭示着天球并非永恒不变，在远离太阳和月亮之外的地方还有着其他的变化。托勒密和亚里士多德构建的宇宙看来并不正确，第谷确定地站到了哥白尼的一边。那时候他已经拥有了自己的天文台，开始积累自己那无比精确的观测数据。30 年后，将有一个视力模糊、身材瘦弱，压根没办法自己观测的家伙根据他的这些观测数据，整合出一个崭新的太阳系——他的助手兼弟子开普勒将会接手他对这个世界的观察，虽然他没有一双明察秋毫的眼睛，却改变了人们心目中的太阳系版图。

学霸的非典型往事

第谷是望远镜发明之前的最后一位大天文学家，也是最后一位贵族天文学家。他有名的古怪举止是习惯穿着全套朝服做观测，贵族老爷派头十足，据说对待下属也是出了名的傲慢粗暴，以至于去世300年后还有人怀疑他其实是被人在饮料里下毒谋杀的。可是他对待平民妻子一往情深、忠心耿耿；再联想到他对平民出身的开普勒不但倾囊相授，还慷慨地把毕生成果托付给对方，甚至在开普勒单方面闹误会离开的时候放下姿态写信邀请徒弟回来，完全不见"傲慢粗暴"的影子，恐怕在第谷眼里大概并没有什么贵族与平民之分，只有"笨蛋无人权"的傲慢，外加对跟不上自己思路的人格外不耐烦吧。

第谷和妻子之间的波折是因为双方的门第差异，而另一位学霸，则是因为健康问题，差点没能娶到自己心爱的姑娘。理查德·费曼，看似滑稽不靠谱的一位爱开玩笑的学霸，和妻子之间那几年令人动容的坚持，真的是"死生契阔，与子成说"的写照啊。

费曼和第一任妻子阿琳是在他13岁时认识的，两个人堪称青梅竹马，当时阿琳是人群中最受欢迎的女孩子，光彩夺目，人人都喜欢她，费曼也不例外，不过那个时候他还是个羞怯的小男生，没有胆量去告白。当时追求阿琳的男孩非常多，但是除了费曼本人之外，大家都知道阿琳喜欢的是谁。直到在高中毕业舞会上，阿琳坐到了费曼的父母身边，承认自己喜欢费曼

情 感 篇

时，这个笨蛋小男生才恍然大悟。

到了大一那年的寒假，他们已经约定等费曼完成学业之后就结婚。但他们都知道，费曼一定会成为一名物理学家，那么完成学业所需要的时间就很长了。随后费曼从麻省理工学院毕业，去普林斯顿念研究生，而阿琳在纽约学艺术。她晚上要给人上钢琴课来挣学费，只要有空和有一点钱的时候就去普林斯顿看望费曼，并在一起共度周末。这种辛苦的生活方式可能损害了她的健康，就在费曼看起来作为物理学家的前途一片光明的时候，阿琳的脖子上长了一个肿块，后来又发烧住进了医院。费曼在普林斯顿的图书馆翻阅了自己能找到的所有医学文献，觉得阿琳的症状很像是淋巴腺结核，可是医生的诊断结果却是霍奇金氏病，宣布阿琳最多还能再活两年。这时候费曼的博士已经念到最后一年了，他决定马上娶阿琳，可是学校却通知他说已婚的学生将没有资格得到奖学金。以他们当时的经济条件，没有奖学金是不可能一边念书一边维持生活的。就在费曼打算放弃学业，去贝尔实验室或者随便什么地方打工的时候，医生对阿琳的病情做出了更正诊断，确定她罹患的是淋巴腺结核。

其实不管是霍奇金氏病还是淋巴腺结核，在当时的医疗条件下都是绝症（霍奇金氏病即便是在如今也还是绝症，绝大多数的疾病保险都会把它排除在外），不过令人心酸的是结核对他们来说还算是个好消息，因为这意味着阿琳还能活 5 年。于是费曼继续完成了他的博士学位,可是来自亲朋的压力又来了:亲人和朋友都希望他不要履行与阿琳的婚约,因为当时根本就没有能够控制结核病的药物,他们就算真的结婚了,也只能有非常有限的接触,连亲吻都被禁止,因为结核有可能通过亲吻传染。可是费曼坚持要娶阿琳,甚至与父母产生隔阂也在所不惜。

这对新人结婚的过程是很浪漫的,有点儿像私奔:费曼向普林斯顿的朋友借了一辆旅行车,稍微装修了一下,在车后面铺上了床垫和床单。那时候阿琳正在长期住院,他跑到医院把她"偷"了出来,开车做了一次浪漫的旅行,途中结了婚。由于疾病的关系,他们只能以互相亲吻脸颊作为礼成的标志,而且在结婚之后很久,都依然保持有限的接触。

结婚之后没多久,费曼参加了著名的曼哈顿计划,住到了神秘的洛斯阿拉莫斯基地。主持计划的奥本海默神通广大地替阿琳安排了离基地最近的疗养院,离洛斯阿拉莫斯"只有"160千米。每到周末,费曼就想办法搭便车去疗养院看望阿琳,在最便宜的旅馆过一夜,星期天下午再返回基地。尽可能地省钱是非常必要的,因为维持阿琳住院需要不少的开销。阿琳有些存款(那本来是她的学费),但他们还是开始考虑是不是得卖掉戒指了。其实费曼心里知道,虽然他们存款不多,但更不多的是阿琳所剩下的时间。同时,洛斯阿拉莫斯的工作也到了紧要

情感篇

关头,世界上第一颗原子弹即将试爆。在阿琳病情最严重的几个星期,她请求费曼不要去看她,因为她的样子已经有些吓人了。不过在她临终的时刻,费曼还是设法赶去疗养院,在病床旁陪着她。当时他并没表现出什么情绪上的波动,第二天照常赶回基地埋头工作。直到好几个月后,他在城里的一家商店橱窗里看到一套漂亮的女装,心里想着"阿琳穿着一定很好看"的时候,这才失声痛哭起来。

如果说费曼和阿琳是青梅竹马,而哥德尔与自己的妻子阿黛尔则是萍水相逢。21岁时,在维也纳念大学的哥德尔认识了在夜总会当舞女的阿黛尔。阿黛尔比他大6岁,当时已经结婚,没有受过正规教育,脸上还有一个明显的胎记。而那个时候的哥德尔过着优渥的生活,跟哥哥一起住在舒适宽大的公寓里,哥哥的新车是附近社区里的第一辆克莱斯勒,家里有专门的司机,两兄弟还在国家剧院里有一个固定的包厢,在学业有成的同时也没有错过维也纳丰盛的文化飨宴。不论从哪一个角度看,这两位都是天差地别,似乎根本没有可能走到一起。

然而他们就真的走到一起了。在阿黛尔短暂又不幸的婚姻很快结束后,学者与舞者之间就开始了漫长的罗曼史。阿黛尔的职业在当时确实很难令人接受,哥德尔的双亲都强烈反对这段关系。直到哥德尔的父亲去世之后,他们之间的交往才得以见到曙光,而他们真正结婚已经是在哥德尔32岁、阿黛尔38

岁的时候了。

　　由于结婚太晚,他们没有小孩,但是两个人在一起又生活了40年,从欧洲到美国,经历了"二战"的硝烟和"冷战"的威胁,学术上的辉煌和冷遇,在远离故乡的国度两个人相依为命。在生命最后的时光,哥德尔在医院里患上厌食症,只肯吃一点儿阿黛尔带去的食物。而当时其实也已经重病缠身的阿黛尔,在丈夫去世之后两年,也离开了人间。

娶了科学女神的男人们

盘点一下本书中提到的学霸们，你会发现拥有史上最了不起的头脑的那些人好多都终身未娶。这倒也并不奇怪，因为"伟大的头脑需要孤独"，而历史上很长一段时间，女性几乎没什么机会受到同等的科学教育，学霸们遇到志同道合说得上话的姑娘的机会也确实不大；再说以他们中多数人的情商，在遇到好姑娘的时候到底能有多少竞争力也很让人捏一把汗。不过这确实是件让人有些惋惜的事儿，特别是现代科学已经证明，智力在很大程度上是受遗传影响的（虽然来自母系的影响似乎更大）。要是他们的天赋能由后代继承下来，那该多好啊。

说起一辈子没娶老婆的学霸，绝大多数人头一个想起的必然是牛顿（你看，什么事儿都有他）。牛顿是早产的遗腹子，据说生下来的时候"小得能装进杯子里"，能活下来就是个奇迹了，偏偏母亲还在他3岁的时候就改了嫁，把他扔给外祖父母照料，中学时还曾辍学，回家帮忙放牛。牛顿一辈子都性情孤僻，除了十几岁的时候似乎喜欢过一个姑娘之外再也没有罗曼史，不能不说这跟小时候的成长环境还是有些关系的。反正他长大后没什么朋友，当然也没有女朋友，而且好像也从来没有谁因为他一直单身而操心着急，他就这么一直活到了 85 岁去世。照理说牛顿相貌相当不差，这从留下的肖像就可以看出来，要是怀疑肖像有美化之嫌的话，那他还有个国色天香的外甥女呢，她可是伦敦上流社会男士们争相为之倾倒的大美人儿，所以这家人的容貌应该都不会差到哪里去。再说牛顿爵爷那时候是国宝级的人物，地位尊崇，经济宽裕，他要是想娶太太，应该是有一大堆人排着队要把女儿嫁给他。看来还是牛顿自己对成家没有兴趣，至于究竟是因为什么，那就不好说了。

牛顿跟母亲的关系不好，不过跟母亲关系太好也不容易娶到老婆。爱多士从小都特别听母亲的话，母亲让干啥就干啥。他原本有两个姐姐，可是爱多士出生的时候恰好布达佩斯猩红热流行，等到爱多士夫人生完儿子从医院回家时，两个女儿都没了。所以爱多士夫人对他未免过分看重，宝贝到不肯送他上学，留在家里自己教。等到儿子养大了更是不得了，爱多士离家留学之前甚至都没自己系过鞋带。因为母子之间特别亲热，所以爱多士夫人只要一看到儿子身边有姑娘出现就格外紧张。有一次爱多士和朋友，外加朋友的女朋友三个人在街上散步，

情感篇

从自家住所的楼下经过,爱多士夫人看到之后大叫一声,在阳台上大声质问儿子:"那个女人是谁?"直到得到保证说姑娘是别人的女朋友后,爱多士夫人这才放下心来。爱多士一辈子就跟母亲相依为命,照他自己的说法是从来没有恋爱过,母亲去世之后他异常悲痛,连着好久都得吃着兴奋剂才能工作。直到老太太过世5年之后,他还常常突然对同事说:"我母亲去世了。"口气好像这件事刚发生在昨天似的。

有的学霸一辈子没结婚,那是因为职业所限。哥白尼是个教士,还是个很高级的教士,所以虽然晚年据说也跟女管家互有情意,最后却还是独身终老。这位女管家是哥白尼一位老友的女儿,朋友看到哥白尼年纪大、地位尊崇,却没有人给料理家务,就把女儿安娜送去照顾他。两个人朝夕相处,家里也变得井井有条,哥白尼似乎也不是没有心动过。其实当时做神父并非不能结婚生子,但那个时候一来他还在专心修改《天体运行论》,二来神父会内部争权夺利的事儿可一点也不比世俗官场少,一直有人想尽各种方法攻击他。后来确实有人散布了关于这位女管家的谣言,两个人不得已之下还是分开了。

同样身为教士而终身未婚的学霸还有遗传学的奠基人孟德尔,他是因为家境贫寒而选择做了修士,后来在修道院的资助下完成了学业,学习的是数学、物理和植物学(哪怕单单是为了作者这个笔名,本书里也断断缺不了他呀)。不过,孟德尔并

学霸的非典型往事

没有生活在科学界的边陲,他所在的那个修道院其实是非常有学术传统的,当时就有两万本藏书,僧侣们从事科学研究的相当不少。孟德尔花了整整 8 年时间在豌豆的杂交实验上,得到的结论在任何一本生物学课本上都有详细描述,我就不在这里多说了。

据说集发明家、物理学家与工程师为一身的尼古拉·特斯拉一直都相信,保持独身才能让思维永远清晰敏锐,所以他虽然身材颀长、面容英俊,出入于美国上流社会,却一直没有谈过恋爱。他一辈子最接近恋爱的一次机会是在遇到摩根财团的大小姐安娜·摩根的时候。那时候安娜大小姐年方 22,刚从专门培养大家闺秀的女子精修学校毕业,举手投足那叫一个雍容优雅,就是一个标准的超级"白富美"。而且人家对特斯拉颇为有意,是特意拜托朋友约他见面的。按照一般人的想法,接下来的事儿是多么顺理成章呀!不过特斯拉可不是一般人,他一眼看到了安娜戴着的珍珠耳环——特斯拉耳聪目明、高瞻远瞩,简直如同通灵一般走在整个世界科技前面 100 年,可就是有一样毛病:强迫症。按照他自己的说法,他凡是做什么需要重复的事儿,重复的次数必须能被 3 整除;屋子里只要有樟脑就会心烦意乱;洁癖到吃饭的时候会叮嘱餐厅为他准备 18 条浆洗干净的亚麻餐巾;吃饭时会下意识数着吃掉的食物,走路时会下意识数着行走的步数;讨厌桃子;一旦看到有小纸屑落到液体

情感篇

表面就会全身不舒服；就算被人拿枪指着也不肯去触摸别人的头发；而在所有这些怪癖和讨厌的东西之中，他最最讨厌的，就是珍珠耳环。所以他在这次类似相亲的见面中对安娜大小姐表现得异常冷淡，两个人后来也没怎么见面，各自独身终老。

和特斯拉一样笃信这个独身理论的学霸说不定还有不少，比如剑桥的三一学院就曾经有个奇特的规定——研究员必须保持独身，直到19世纪中期这一规定才被废除。据说当初麦克斯韦就是因为这个规定才没留下来当研究员，转身回老家结婚去了。他后来在晚年时又回了剑桥，经手建设了卡文迪许实验室，当了第一任卡文迪许教授。说起来卡文迪许也是个终身未娶的好例子，当然他那个个性，对"讨老婆"的看法多半是多一事不如少一事，既然已经有女管家照料家务了，又何必再需要一个女主人？不过保持独身好像的确对英国学霸来说特别不算个事儿，他们有爱好孤独的传统，皇家学会历年来终身不娶的会员比比皆是，最早创立学会那会儿就有两位：罗伯特·波义耳和罗伯特·虎克。这两位还是做实验的搭档，虎克差不多算是被波义耳一手带出来的。波义耳跟卡文迪许一样是出身贵族的"富二代"，大概也是因为生活上不缺人照顾，没有娶老婆的内在需求。"波义耳定律"是教科书上一定会出现的内容——在温度一定的条件下，气体的体积和受到的压强成反比。波义耳还首先提出了"元素"的概念，在实验和理论两方面都奠定了近

学霸的非典型往事

代化学的基础。可能是开头开得不好吧，接下来的皇家学会有不少人大概都娶科学女神去了，对凡俗女子就没有展露出兴趣了。

跟皇家学会对着干的欧洲学霸们在这一点上也和大部队保持一致。首先就是法国人的骄傲笛卡尔，虽然先后跟一位公主和一位女王相识，而且居然还留下了流传后世的绯闻，但这可真是枉担了虚名儿，他一辈子也没和哪位女性真正交往过。笛卡尔的好朋友惠更斯也跟他一样，这一位是摆钟的发明者，对光学的贡献特别大，改进望远镜之后发现了土星的光环和土卫六[一]，发明的"惠更斯目镜"一直沿用至今。惠更斯是大家公子，风度翩翩，喜欢音乐和诗歌，怎么看都是个可托终身的好男人，可就是一辈子没娶老婆。另外就是先后创立了柏林科学院和俄罗斯科学院的莱布尼茨，给汉诺威公爵家编了半辈子家谱，自己家到他这辈却断绝了。

当然，有的学霸终身未娶是因为去世的时候太过年轻。夭折的数学神童们我们就不说了，就说说那位活了短短 39 年，做出的成就相当于常人 390 年的帕斯卡[二]。关于这一位最有名的逸事似乎是因为牙痛而失眠所以思考出了帕斯卡定律，不过其实

[一] 后来降落到土卫六上的探测器就是以他的名字命名的。

[二] 从中学物理课上我们就知道，国际单位制的压强单位就是以他的名字来命名的。

情感篇

他还在一大堆领域里做出过成就，包括在17世纪就制作出了世界上第一台计算器。请注意，我们这一节不是在讨论跨界天才，这里要说的只是这位学霸实在太忙啦，一天恨不得有48个小时来和科学女神朝夕相处才来得及做出这许多发现，哪有时间谈情说爱呢。

说了这么多，最后以一位专门认证学霸的学霸作为结束：阿尔弗雷德·诺贝尔，他给自己的自传只有三句话：终身未娶，脾气坏，消化力弱。据说他当年在全球巡视业务的时候曾经以五种语言在报纸上登广告征求助理，后来收到一封求职信也是以五种语言回复，让他大为满意，面试的时候更是对这位助理小姐一见倾心，奈何对方已有婚约，他从此也就没有再追求别人。诺贝尔身后没有指定继承人，他把巨额的遗产用来设立了诺贝尔奖奖金，专用来奖励为人类做出贡献的学霸们。某种意义上，这大概也要算是交付给科学女神的聘礼吧。

我是个科学家,我没那么了不起
学霸的非典型往事

社 会 篇

喂，对天才好点儿

要说这天才吧，放哪里都要算是稀有物件。所以一般来说，人们都会对天才另眼相待，万里挑一的天才犯点儿不是那么万里挑一的错，只要没危害到别人，大家也就一笑了之了。再说有时候并不是人家犯错，而只是跟多数人不太一样罢了。如果揪着天才跟普通人有点儿不同的生活细节不放，那赶明儿需要干普通人都干不了的活儿时找谁去？是不是这个理？

可惜，有人就是不明白呀。

1952年2月，曼彻斯特警方接到了一起报案。这是一起入室盗窃案，原本没什么特别，报案人把自己丢失的财物列得很清楚，东西并不多，而且他不但指明了窃贼的名字，还提供了窃贼留下的指纹。这个报案人的名字叫阿兰·图灵，是曼彻斯特大学的数学教授，皇家学会会员。警方当时觉得这人真是太有条理了，不愧是当教授的啊，做好笔录就放他走了。

和侦探故事里常见的描述不同,英国警察其实是很能干的。几天之后他们就找到了符合指纹的罪犯。警方接下来询问罪犯为什么会知道图灵家,罪犯表示,他有一个熟人,是教授先生的"男朋友"。

在当时的英国,同性恋行为是一种犯罪。这条法律是1885年制定的,已经沿用了半个多世纪,当年的著名作家王尔德正是因此而被判入狱的。警察立刻出发去图灵家,他们吃惊地发现:只用了一点儿问话技巧,这位智商可能比他们加起来还要高的教授居然马上就全都招了。他们之前做过调查,如今在大学研究计算机的图灵曾在"二战"期间为国效力,参加的是与德国之间的密码战,所以大家还以为他会跟间谍一样难以对付。可是图灵对他们的问题回答得既详尽又清楚,甚至还主动提供了整整5页手写的陈述报告。显然,他发自内心地认为自己与一位同性你情我愿地交往并没有什么不对。

但是,图灵完全错判了形势。在当时的警方眼里,他已经从被害人变成了罪犯,甚至连家里的盗窃案都被辩护为"合法",因为屋主是"罪犯",已经"失去了法律的保护"。这种"法律"完全是畸形的,但当时的英国就是这样。一周之后,案子就结了,结果反倒是作为盗窃案受害者的图灵,可能要面临两年的刑期。

当时的社会歧视同性恋,但图灵本人其实并不特别在乎社

我是个科学家，我没那么了不起
学霸的非典型往事
————

会评价。在同事或不那么熟的朋友面前，他总是会故意露出一点蛛丝马迹，来试探对方是否不接受这种身份。这是他的择友标准，只有理性足够摆脱社会舆论的控制，能够从事实的本质来判断是非的人，才有资格做他的朋友。所以身份暴露对图灵来说不是什么问题，但是入狱的话会妨碍工作，这就让他很苦恼了。律师建议他做"有罪辩护"，也就是承认自己的行为有罪，在此基础上试着减少刑期。图灵像他的图灵机那样陷入了两难的境地：如果否认自己的行为，那就是撒谎；但如果承认有罪，那也非常荒唐。他没意识到，正是这种总是在寻求自洽的逻辑，让他在面对现实世界的时候显得过于天真了。数学总是自洽的，而现实并不。

审判在三月底进行。图灵的同事们决定保护他，他们出庭作证，指出他是一位国宝级的数学家，获得过大英帝国勋章，正在进行非常重要的工作，逼迫他停止工作将会造成难以衡量的损失。法庭最后让图灵在入狱或"激素治疗"中选一样，他选择了后者，这样还可以继续工作。

但是激素改变了图灵的身体。他发胖了，体形也有了改变。这对原本有着运动员体形的图灵来说不是个让人愉快的消息：要知道，他原本是个非常好的马拉松选手，1948 年伦敦举办过奥运会，图灵后来跑过那一条马拉松线路，只比奥运冠军慢 17 分钟。让这样一个人体验发胖的滋味确实太痛苦了。另外，使用激素还会影响思维和学习的能力，虽然这一点在图灵身上并没有明显地表现出来，但他肯定对思考能力受到影响比对体形的改变要介意得多。他开始去看心理医生，还频繁地出国度假散心，这一切又让情报部门格外紧张，因为这位学霸的脑子里可是装满了国家机密！20 世纪 50 年代初的英国社会充满着冷战思维，在当时人们的心目中，不能做一个和社会的绝大多数保持一致的"正常人"是很危险的，很容易就会被判断为有"叛国倾向"（后面我们可以从奥本海默的例子看到，美国也一样）而遭到监视。只有工作没有背弃他，同行们对他依然保持尊重，但也似乎很少有谁能真正理解他所做的工作。

"治疗"在一年后结束。大学依旧支持他，继续为他提供教授职位。从表面上来看一切似乎都在慢慢恢复"正常"，但是"正常"并不是一个天才最需要的。在 50 年来最寒冷的那个降灵节⊖之后，周一的晚上，他在睡前像白雪公主那样咬了一口沾着剧毒的苹果，就这样离开了人世。

图灵错在高估了时代。他以一个数学家和逻辑学家的清晰头脑来判断纠缠不清的社会伦理，不能不说确实"很傻很天真"。在这方面，一向自命为"文明""自由"的英国甚至还不如它的假想敌苏联呢：当时苏联最好的数学家，安德雷·柯

⊖ 基督教的一个宗教节日，是基督教最重要的节日复活节之后的第七个星期天，传说圣灵将会在这一天降临在圣徒身上。

尔莫哥洛夫，也是一位半公开的同性恋，而且他的伴侣是苏联另一位最好的数学家亚历山德罗夫。数学圈子里都知道他们俩是一对，虽然他们总是在人前以"朋友"相称。可是这两位数学家并没有因此遭受迫害，依然在国内享有崇高的地位，后来还一手创办了全苏联数学竞赛——国际奥林匹克数学竞赛的前身。

另一个高估了时代的学霸也是一位被遗忘的天才——尼古拉·特斯拉。和他作战的那个"看不见的敌人"倒不是什么僵化又保守的社会观念，而是已经存在的工业体系。他的两大全新发明：交流电和涡轮机，因为需要打破此前已有的坛坛罐罐而都遭到了抵制。特斯拉的遗憾在于他出现得太晚，当时的工业化已经初见规模，再想改变标准自然阻力重重；或者说他又出现得太早，以当时的科学水平和公众的理解能力，根本无法跟上他的目光和思路。哎，总之一句话，生不逢时呀。

要说特斯拉可真是个神人，他 28 岁那年变卖了自己的所有财产，换了点儿现金去美国闯天下，结果刚出门就把钱和车票都丢了。于是他使出浑身解数，一路蒙混过关，横渡大西洋的时候兜里只揣着 5 个铜板。但是上岸的时候一点也不着急，优哉游哉地在街上晃悠，看到某家店里老板正在为坏掉的机器着急，进门顺手就帮人家修好了。这一下举手之劳让他拿到了 20 美元的酬劳，这顿时让特斯拉对这个国家观感大好——真好挣钱呢。

才怪。

朋友替他写的介绍信都还在行李里,是写给爱迪生的:"我知道两位伟人,您是其中之一,再就是这位年轻人。"要是爱迪生和特斯拉真能通力合作,那应该是个无往不利的组合,毕竟爱迪生擅长的是赚钱、申请专利,以及用宣传击垮对手,而特斯拉擅长的是在各种科学领域做出此前全无征兆的重大发现,彼此能够非常完美地取长补短。遗憾的是这两位都不是什么能和人合作的主儿,短暂的蜜月期之后马上就翻脸了:爱迪生原本许诺只要特斯拉能够改进发电机,就给他5万美元的报酬,但当特斯拉花了好几个月的时间,把爱迪生公司里的所有发电机都改造完毕,还帮他加上了自动控制系统时,却领教到了"美国人的幽默"——一分钱也没有拿到。

在工业化的初期,发明家们想要赚钱其实并不是我们如今想象的那么容易。固然有大把的空白领域等着你用新玩意儿去填充,但是首先,要把新玩意儿推广到大众的生活里,还让他们心甘情愿掏出钱来,除非你卖的是"保健食品",否则哪有那么容易。太阳底下无新事,如今随意都能在社会新闻上看到某地居民抗议"不要核电站!""不要火电站!""不要水电站!"乃至"不要变电站!"100多年前纽约布鲁克林区的居民也团结一致地反对邪恶的有轨电车进入他们居住的家园,"不要有轨电车"的口号是如此响亮,以至于后来布鲁克林区成立的棒球队干脆就叫"弃车队"。还有的报纸编辑煞有介事地警告说:乘坐有轨电车会增加中风的危险。

其次,发明家之间的战斗才是最残酷的。特斯拉认为交流电才是人类的未来(虽然他发明的是两相交流电,而不是我们如今使用的三相交流电),但是爱迪生错误地认为,他改进并拥有专利的那一款灯泡只能用于直流电。于是他下定决心捍卫直流电的地位,不惜开动分布在美国各地的宣传机器。这其中最可怕的一招就是付钱给小学生,让他们到处去抓猫猫狗狗,最好是别人家的宠物,每抓一只给他们 25 美分。然后用交流电把这些小动物电死之后扔到大街上,用这样的方式来宣传交流电是杀人机器,还附带内容耸人的传单:"谁要是动用交流电系统,不管功率大小,6 个月之内难逃劫数。"

嗯,看上去和现在的"标题党"是不是有点儿像?反正如今的这点儿宣传手法早在 100 多年前就是爱迪生玩剩下的了,爱迪生制定了一个聪明的策略,把特斯拉描绘成一个江湖骗子,因为他身边有那么多匪夷所思的东西:比如"碳精纽扣灯",看起来不过是一个空荡荡的玻璃球,一端连着一小片固体物质,上面只要通上高频电流,这颗"纽扣"就会通过静电作用让气体分子高速撞击玻璃内壁,再退回来撞击纽扣,每秒钟往返上百万次,让"纽扣"发出白热的光芒。要是你熟悉电子显微镜的话,还会觉得这两者之间的原理有那么一点儿相似:带电粒子从一个微小的区域笔直地射出来,打在远处的平面上,于是这个微小区域的图像就被极端地放大了。不过在当时的人们看来,这玩意儿说得好听是魔术,说得不好听就是妖术。还有特斯拉发明的连接在振荡器上的电子同步时钟,身上连通高频交流电全身冒出的辉光……在爱迪生看来,只要是跟交流电沾边的东西全都是跟他作对,都是妨碍他挣钱的邪道。而且有时候,特斯拉自己还挺配合他这个策略的。这个高高瘦瘦的英俊青年在做重要实验的时候总是郑重其事地穿着燕尾服,在美国人看来,这就是在"凹造型",跟当时美国的风气很不合拍,下意识就会产生反感。

有一次,特斯拉发表了一张看起来恍如地狱的照片:在位于科罗拉多的特斯拉研究球形闪电的基地,办公室里闪电横飞,电弧到处飞闪,而特斯拉坐在闪电的中心,神情安详地专心工作。这是利用多次曝光的技术拍成的一张照片,闪电横飞的时候特斯拉当然不在座位上,但是公众不知道啊!这么一张照片,再配上特斯拉一贯的又难懂又见长的深奥文章,立马就把公众分成了两极:一边是哎呀特斯拉好犀利请收下我的膝盖!另一边是死骗子你可千万别被我拆穿!想必爱迪生看到死敌居然主动发表这么个东西,也会抽着烟斗笑而不语吧。

不光是立场上的对立,同行们更大的潜在危险,是专利的抢夺。这一点上特斯拉基本毫无战斗力,他经常扔出一个发明来就忘了,申请专利?那是啥?什么李兹线[一]呀,同步电钟[二]呀,要是换成精明又强势的爱迪生搞出这些东西来早就不知道收到多少专利费了,而如今特斯拉甚至连名字都不会跟它们联系起来。就连交流电的专利合同都被他自己撕毁了,因为在高昂的专利费掣肘下没有办法推广交流电。1893年他就做过关于无线电广播的科学报告,附带一次接收无线电信号的公开表演,报告被译成多种文字在全世界流传。1895年马可尼宣布他"发明无线电"的时候,用的设备跟特斯拉报告里的设备一模一样,不过他坚持从来没见过这些报告,只是心有灵犀——大概跟如今某些"作家"特别容易跟人"心有灵犀"的原理差不多吧。诸如此类的事儿还有不少,反正仔细探究起来,一大堆在20世纪初突飞猛进的科学领域,都能有个线头追溯到他这儿。但是呢,说到尼古拉·特斯拉的名字,科学界是提都不爱提。

涡轮机是另一个被人忽视的作品。特斯拉发明的无叶片涡轮机面临两个问题:一是当时的材料科学和制造工艺让金属强

[一] 对交流电来说,通过导线的时候会产生涡流损耗,损耗值随着交流电频率和导线横截面积的增加而增加。于是特斯拉想出办法,把涂着绝缘膜的许多根细丝绞合在一起,这种绝缘绞合线在德语里叫 Litzendraht,简称 Litz 线,也就是李兹线。

[二] 利用高频交流电的频率来校对时间的电子钟。

度达不到设计的要求,二是当时的工业系统都是建立在已有的帕森斯式涡轮机的基础上的,而且运转良好,还没到更新换代的时候。除非特斯拉的涡轮机比人家好几十倍还不贵,不然谁愿意全盘更换呀?

对于传说中的"美国梦"来说,特斯拉恐怕不是一个好例子。他发明了无线电,别人将其推广和应用,发明者一无所得;他发明了新的照明系统,已经应用于城市和工业,发明者只拿到一小笔报酬;他发明了高频装置,已经应用于医学仪器——好吧,这次至少他的名字被提到并被感谢了。特斯拉一贫如洗,蜗居在一家小破旅店的时候,美国电气工程师协会的会员至少有 3/4 是靠着他的发明才找到工作的。这简直就像是讽刺小说里的情节,但是它真的就发生了。

1943 年,美国最高法院推翻了承认马可尼发明权的判决,裁定特斯拉提出的基本无线电专利早于其他竞争者。虽然世界各地的教科书和通俗读物依然把"马可尼发明无线电"作为一件事实来陈述,但是算了,反正特斯拉也并没有很在乎。当初在 1915 年盛传他即将获得诺贝尔奖的时候,这位学霸曾经说过这么一段话:

"在技术文献当中,至少有四打著作署有本人的名字。这些才是真正的和永存的荣誉。而授予我这些荣誉的,不是轻易出错的某几个人,而是万无一失的整个世界。"

偏不给你颁奖

每年一度的诺贝尔奖颁奖典礼是科学界的一大盛事。获奖的科学家们要穿着燕尾服（现在除了新郎官和交响乐团指挥之外，大概就只有诺贝尔颁奖礼才用得上真正的燕尾服了吧）参加有瑞典国王出席的颁奖庆典，庆典在斯德哥尔摩昼短夜长的冬天持续整整一周，把诺贝尔的忌辰——每年的 12 月 10 日变成了一个漫长的节日。在此之前，全球的 1000 多位各领域的科学家有资格行使自己的提名权利，最后由诺贝尔奖评审委员会遴选出当年的获奖得主，再电话通知（无视时差，往往是在凌晨）给获奖者本人。在最终结果水落石出之前，全世界的媒体都会拼命地打听各种小道消息，提出各种靠谱或不靠谱的猜测，而有可能获奖的候选人则会经受到猛烈的眼球集火，各国人民七嘴八舌列举着自家候选人的好处，一旦让他们失望，哎呀呀，那将"压力山大"。

社 会 篇

要说诺贝尔当初设置这个奖金呢，用意其实是很简单的：在19世纪末那会儿，很少有科学家能够获得专职研究的机会，他希望这份奖金能够给第一流的少数精英科学家以终生的生活保障，让他们没有后顾之忧地专心进行研究。所以奖金的数额绝对不能太少，于是分享奖金的人呢，就绝对不能太多，规定是不能超过三位。另外，诺贝尔本人算不上一个真正的科学家，他更像是一个工程师，关心的是"以具体的而不是抽象的方式"来造福人类。所以科学的奖项只设置了三个：物理学、化学、生理学或医学，而且特别说明：只授予"发现"和"改进"的人。因此相对论之类是没资格获得诺贝尔奖的，爱因斯坦获奖的原因是光电效应的"发现"。数学不在其内，不过这跟诺贝尔那个传说中的"数学家情敌"没关系，纯粹是因为他更关心实际。天文学也不在其内，诺贝尔觉得这玩意儿太虚无缥缈，天文学家要到1974年才开始搭上物理学的便车，获奖的原因依然是"技术的改进"：射电望远镜的"综合孔径干涉"，让人们可以用许多台小望远镜实现巨大口径的观测效果，大大地提高了射电望远镜的分辨率。至于土壤、海洋和气象学家，那个时候，都还不算是"科学家"呢。

诺贝尔奖从1901年开始颁奖，一开始那可真是石破天惊。一方面是因为当时奖金确实非常多，单项奖金达到了42000美元（作个对比，当时的剑桥卡文迪许实验室每年的经费总共还

我是个科学家，我没那么了不起
学霸的非典型往事

不到 10000 美元）；另一方面是当时有一大群 19 世纪末的科学巨人可供挑选，每一个拿出来都是名动天下的主儿。于是奖金和获奖人相得益彰，声望值哗哗地就刷到了顶点。这当然是件美事，但随之而来的问题就是：声望值越高，就越不能闹出不好的传闻。偏偏负责评选的科学机构——瑞典皇家科学院和瑞典卡罗琳医学院本身的科学声望并不够，而在这种情况下，当然就是宁缺毋滥，宁可错过，不可错发了。

所以，诺贝尔奖的评选除了要衡量候选人的科学成就之外，还有这么几条为了规避争议的"潜规则"：没法分清成果归属的不发；还没有得到实验证实的不发；还没有得到行业公认的不发；有任何科学丑闻的不发。总之，可能会引起掐架的，一概不发。

再加上获奖人在颁奖时必须还在世这一条，所以做出发现但太迟的学霸们必须要做好心理准备才行。比如奥斯瓦尔德·艾弗里发现 DNA 是构成基因和染色体的主要材料，这个发现够了不起了吧？可是他做出这项成果的时候已经 67 岁了，还没等诺贝尔委员会慢吞吞地找到"实验的证实"就去世了，这个奖项自然也就没有落到他头上[1]。做出发现早的人也别太高兴。做

---

[1] 这个故事更糟的一面是，诺贝尔委员会本来已经考虑因为他一生中对免疫化学知识做出的贡献而授予他诺贝尔奖，但 DNA 遗传信息的发现实在太过惊世骇俗了，委员会担心出错，决定等到这件事被证实之后再说。

人最重要是不要太超前于时代，诺贝尔奖这种追求四平八稳的奖项，但凡有一个业界大佬不肯相信你的学说，你就不会得到承认。至于人家为什么不相信，有时是因为你的工作太离经叛道，有时是因为你不属于科学界那个主流小圈子，有时……就兼而有之喽。

诺贝尔奖史上最令人遗憾的姗姗来迟，落在了苏布拉马尼扬·钱德拉塞卡头上。他对白矮星质量上限的研究是在未满 20 岁的时候做出的，那时候印度都还是英国的殖民地呢，而他获奖时则已经是 73 岁的老人了。1930 年，他刚刚从大学毕业，拿了奖学金坐船去剑桥留学㊀，意气风发，脑子转速快得惊人，关在船舱里晃悠的时间就拿着一支铅笔开始计算白矮星质量和状态的关系。按照钱德拉塞卡自己的说法，"涉及的数学很简单啊，谁都会算。"信他你就太天真了，真要是谁都会算，以后为啥会把奖颁给他？又为啥那么晚才把奖颁给他呢？

具体来说，钱德拉塞卡在船上那 18 天研究的是这么一件事儿：当时人们已经发现了 3 颗白矮星，知道它们的密度很大，温度很高。假如白矮星和我们的太阳一样，利用物质的热辐射来抵抗大质量产生的引力，那么这个温度是扛不住引力的，必

㊀ 钱德拉塞卡也是个婆罗门种姓，不过当时已经跟拉马努金那时候不一样了。

然会继续收缩(天文学家管这叫"坍缩"),而且再怎么收缩都没办法和那么大的质量所导致的引力达到平衡,所以支持白矮星的力必然另有其来源。那时候第二次量子革命刚完成不久,天文学家利用量子力学的成果做出了解释:支持白矮星的力是量子力学里的"电子简并"。形象一点儿来说,随着恒星密度的增大,电子的活动空间受限,就像是被关在了一间越来越小的牢房里一样。根据不确定性原理,电子的活动空间越小,动量就越大,它"撞击牢房墙壁"的力也就越大,这个力就是"电子简并压力"。正是电子简并的压力抵抗住了引力的收缩,才让白矮星保持稳定。

钱德拉塞卡对量子力学相当熟悉,对电子简并压力也早有了解:早在两年多前,他就在学校见过来访的索末菲。这倒不是因为他是个多么惊为天人的神童,主要是因为他的亲叔叔拉曼也是位物理学家,并且即将获得亚洲的第一个诺贝尔物理学奖。索末菲向他介绍了量子力学的发展,给他推荐了几本书,外加一篇他自己刚写好的论文。没多久海森堡到印度,钱德拉塞卡还给他当了一天导游,这么样的两个人聊天当然也不是聊风景了。所以启发钱德拉塞卡思考了一个问题:随着白矮星密度的增加,电子的运动速度将会越来越快,最终接近光速。这种时候必须把相对论效应考虑进去,而当时已有的所有计算,全都忽视了这一点。

社会篇

那么，在考虑到相对论效应之后，电子简并压力还能扛得住引力吗？

这种事光想是想不出结果的，必须动笔开始算。计算其实挺麻烦的，他采取的是逐渐逼近的策略，一点点地计算白矮星质量每增加1%，会发生什么情况。不知道钱德拉塞卡有没有得到一个"右舷的房间"㊀，总之他几乎都闷在船舱里。在这次旅途的最后，他得出了结论：在不考虑相对论效应的情况下，白矮星的质量每增加1%，电子简并压力增加5/3个百分点，白矮星在这种情况下质量不管多大都可以万寿无疆地一直稳定下去；而考虑相对论效应时，质量每增加1%，电子简并压力只增加4/3个百分点，在质量增加到大约为太阳质量的1.4倍的时候，电子简并压力将没办法支撑它自己的体重。

白矮星的质量是有上限的！

但钱德拉塞卡没想到，这个结论不但给白矮星带来了大麻烦，也同样让他本人陷入麻烦之中：当时几乎每一个天文学家都坚信，所有恒星在生命的终点都会变成白矮星，特别是提出

㊀ 在从印度到英国的航线里，穿越红海的2000多千米是非常难熬的，这里异常炎热，在几乎朝向正北航行的路线上左舷要经受一整个下午的西晒，房间跟烤箱差不多，而右舷的房间则要凉爽得多。

这个结论的天体物理学家爱丁顿爵士,他在钱德拉塞卡将要就读的剑桥可是一言九鼎的权威。区区一个名不见经传的 20 岁年轻人,研究生都还没入学呢就想挑战学界 No.1,还想不想继续混下去了?

要是钱德拉塞卡是个欧洲人,本科来自一个金光闪闪的名校,有一个名声响当当的老师和一群一看就知道前途无量的好同学,那他的意见可能还会得到一定的重视。可他是个印度人,之前没人认识他,本科学校是印度的某个学院,属于远离传统学术小圈子的边缘人物。按照通常的做法,这样一个人来到大名鼎鼎的剑桥,首先应该做的是逐步建立起大家对他的信心,再慢慢放出自己的研究成果。结果这个小鬼一上来就扔了个惊天动地的炸弹,提出的问题不但颠覆人们的普遍认知,还被行业大佬旗帜鲜明地反对。这样一来,别说支持他的观点,就连肯花时间仔细读他论证的人,都很难找到了。

结果就是,后来钱德拉塞卡获得机会在皇家天文台的例会上发表他的白矮星理论,当他演讲完毕之后,爱丁顿从座位上站起来,当着座无虚席的观众,用嘲讽的语气对这个新生的理论猛喷了一通,以这样一句话作为开始:"呵呵,我不知道自己是不是应该光着脚从这个会场逃掉。"再以这么一句话作为结束:"对于恒星来说,一定有一种防止这种奇怪现象出现的自然规则。"接下来观众纷纷退场,每一个人从钱德拉塞卡身边经过的时候都对他说了一句:"太糟糕了。"

确实是太糟糕了,堂堂英国皇家天文台,不知道是真的没人好好学过物理还是干脆就屈从于大佬的权威,摆出了这么一副华山论剑上名门正派联手欺负五虎断门刀小少侠的架势。钱德拉塞卡一看,惹不起了必须躲得起啊,于是离开剑桥去了美国。白矮星咱也不研究了还不行吗?把已有的研究结果弄来出了本书,从此把这个课题抛诸脑后。他也正是因此养成了独特的研究习惯:打一枪换一个地方,看准一个领域,一头扎进去研究上几年,得出成果之后抽身就走。直到1970年,人类历史上第一颗X射线天文卫星——乌呼鲁卫星上天,发现了第一个黑洞的候选者——天鹅座$X-1$,钱德拉塞卡当初的研究才引起了天文学界的认真对待。其实,在1983年获得诺贝尔奖之前,钱德拉塞卡研究的领域之多之杂,绝对是在天文学领域独一份的。可是姗姗来迟的诺贝尔奖认可的,却还是他在青年时代做出的"关于恒星结构和演化的物理过程的研究"。

和钱德拉塞卡不小心遭遇阻碍的情况相比,马克斯·玻恩的倒霉则基本上属于无妄之灾。1933年,诺贝尔委员会一口气颁发了1932和1933两年的诺贝尔物理学奖。之所以这样安排,是因为诺贝尔奖奖金最多只能由三个人来分享,而评奖委员会希望能把第二次量子革命的参与者们一次性都给表彰了。我揣摩当时多半是这么划分的：海森堡、约尔丹、玻恩三位分享1932年的奖金，他们三位合作提出了矩阵力学。这部分的思想是由海森堡首先发现的，但海森堡对矩阵那是非常不熟悉啊，前面说过，他曾经沮丧地说"我连矩阵是什么都不知道！"；而玻恩作为哥廷根团队的头头，在哥廷根数学不好，出门好意思跟人打招呼吗？希尔伯特早就放过话了："哥廷根马路上随便一个小毛孩都比爱因斯坦懂数学。"所以玻恩是当时为数不多的熟悉矩阵数学的物理学家，他和约尔丹两个人发展和完善了矩阵力学的表达。1933年的诺贝尔奖奖金则由薛定谔和狄拉克来分享，薛定谔提出和发展了波动力学，而狄拉克则发展出了另一种看待量子世界的方式：变换理论。大家不需要为前面提到的这些专有名词伤脑筋，有兴趣的同学可以自由地选修大学物理。总之一句话，前面几位就是第二次量子革命的最得力干将，他们中无论哪一位都配得起诺贝尔奖，因为他们共同做出了改变物理学面貌的贡献。

这本来是个热闹又圆满的高兴事儿，奈何科学虽然没国界和党派，但科学家却总归是有国籍和政治立场的。按照玻恩在自传中回忆的，当时大家都认为获奖是板上钉钉的事儿了，结果约尔丹却在颁奖前几个月突然加入了纳粹党。在1933年这个节骨眼儿上，诺贝尔奖怎么可能颁给一个纳粹呢？所以约尔丹的名字就从名单中被抹去了。但要命的是，他的工作和玻恩是绑定的，在颁奖的时候不可能提玻恩而不提到他。所以倒霉的玻恩躺着中了一枪，他的名字也从名单中被拿掉了，由海森堡独自获得了1932年的诺贝尔物理学奖金。

玻恩是个气性挺大的人，不过这事儿摊谁头上都得生气，明明是三个人共同的成果，最后的荣誉却被一个人全部拿走了。海森堡也觉得很尴尬，特地给老大写了一封言辞恳切的长信。不过这时候要让玻恩消气除非是海森堡拒领诺贝尔奖了，但这怎么可能？直到22年后，玻恩因为对波函数统计的贡献而获得了诺贝尔奖，这段郁闷才总算得以终结。

有时躺枪跟时局没关系，跟评奖委员会的自尊心有关系。1926年，诺贝尔生理学或医学奖颁给了丹麦的约翰尼斯·菲比格，原因呢，是他发现了"会导致癌症的寄生虫"。事实证明，这个"发现"根本是无稽之谈，菲比格也就此成为史上最"水"的诺贝尔奖得主，如今已经没人承认他是获奖人了。评奖委员会丢了这么大一次人，大概是遭受到了心理创伤吧，接下来差不多有40年都没再搭理癌症研究这回事儿。可怜早在1911年就发现了病毒可能诱发癌症的佩顿·劳斯，等了整整56年，在87岁时才等来了自己的诺贝尔奖，倘若去世得早一点儿，可就真的错过啦。

还有的时候，就只能怪诺贝尔奖的规则太不够与时俱进了。诺贝尔当初绝没想到自己的奖项设置不到100年就过时了,现在的科学研究,不管是专业划分还是前沿方向都跟他那个时候完全不一样了,再要把现在的科学家放到他100年前的那个框框里,就出现了各种不合适。比如现在的生理学或医学奖,就经常被人吐槽"既不是生理学,也不是医学",而理论物理的大发展,也让诺贝尔那个"必须得到实证"的原则显得尴尬起来。理论物理学家必须能够提出一个预言,然后等待实验物理学家去验证了这个预言之后,他才有获得诺贝尔奖的可能。这方面最吃亏的是索末菲,他经历了理论物理学的每一步发展,成果无数,带出的学生里有6个诺贝尔奖得主,自己却始终没有获奖——"精细结构常数"这种东西拿什么实证去?前面钱德拉塞卡的理论直到发现中子星和黑洞之后才得到认可,而另一位学霸,他预言的"上帝粒子"因为验证难度的关系,也是拖了将近50年,差不多每一个理论物理学家都替他鸣过不平之后,才终于获得了诺贝尔奖。

这位就是2013年的诺贝尔物理学奖得主,以"次原子粒子质量的生成机制理论"分享奖金的彼得·希格斯。

希格斯的主要贡献,是提出了粒子物理学现在所使用的"标准模型"里的"希格斯场",解释了自发对称性破缺问题。不要被前面这句话里的物理学名词吓到,其实是这么回事儿:现在的粒子物理学呢,已经有太多的基本粒子了,对理论物理学家来说，他们不太喜欢这种情况，好像粒子物理学家们干的活儿就是不断地发现新粒子然后给贴个标签似的。他们强烈要求找出个合理的解释来，告诉大家为什么这种基本粒子和那种基本粒子有所不同；为什么有的有质量，有的没质量；有的是这种行为，有的是那种行为。希格斯场就（部分地）提供了这种解释。而且，宇宙早期的暴胀和未来的命运，也跟希格斯场的性质有关。

这是个很厉害的成就，虽然被命名为"希格斯场"，但实际上做出贡献的科学家不止希格斯一个人。在粒子物理学里补充上这个"场"，理论物理学家就向梦想中的大统一理论又稍微迈进了一小步。不过大家也知道，场这个概念是一个看不见摸不着的东西，诺贝尔奖不吃这一套。幸好希格斯场的振动会导致一种粒子——希格斯玻色子的出现，这就跟看到潮汐就知道有海洋一样，只要找到希格斯玻色子，就相当于证实了希格斯场的存在。

话是这样说，但希格斯玻色子可是超级难找的一个东西，要不怎么会被称为"上帝粒子"呢？这就是因为在很长一段时间内，大家都相信有它的存在，可就是没法证明这一点。这个东西没有自旋，没有电荷，自己是自己的反粒子，非常不稳定，而且没人确切知道它的质量是多少。直到 2013 年，欧洲核子研究组织的大型强子对撞机才在无数次的重复实验之后，寻找到了可信的希格斯玻色子的踪迹。这时的希格斯已经 84 岁高龄了，倘若这粒子发现得再晚几年，他可能就真的要与诺贝尔奖擦肩而过了。

断头台上的科学家

有这么一个说法，法国 18 世纪的两大发明是百科全书和断头台。其实这两者倒都不是 18 世纪才出现的，但是法国人在这个时代把它们变成了犀利又好用的物件儿。编纂百科全书的原因当然是启蒙运动，不过多半还有一部分原因是咖啡在南美洲推广种植之后价格下降，变成了一种日常饮料。而改进断头台，那当然是因为要砍的脑袋太多，刽子手都忙不过来了。

法国大革命期间，三年砍掉了 60000 个脑袋，其中包括好些价值连城的。最有名的当然是路易十六两口子，而最宝贵的一颗头颅，大概就要算是化学家安托万·拉瓦锡了。

其实在人生前 90% 的时间，拉瓦锡都得算是一个彻头彻尾的人生赢家，家境殷实，学业顺遂，长辈疼爱。这位学霸从小不差钱到什么程度呢，年轻时有一次旅行到斯特拉斯堡，看到有家书店在卖巴黎买不到的德文书，都是医药、化学和地质学方面的，于是他随手就买了几百本，价值 500 枚金币，折合现在的人民币差不多有十几万吧。他随后把这些书打了个包寄回家，然后自己又继续旅行去了。

拉瓦锡 25 岁那年掏钱买了"税务总公司"的开业股，当了名包税官。包税官这个职务主要干的是收税的工作，负责每年向政府缴纳足够的税款。至于你向底下征收多少钱，上面的大官们才不关心呢。这个行当从古罗马开始就是个既赚钱又招人痛恨的工作了。拉瓦锡一年收入最多的时候可以达到 15 万金币，折合过来超过如今的 1 亿人民币。没办法，他有一个当时全世界最好的私人实验室，1 万多只烧杯在那个时候可都是要花大钱去买的。几年之后他娶了上司的千金，拉瓦锡太太嫁给他的时候只有 14 岁，受过良好的教育，可以在实验室里担任他的助手，还能帮他翻译英文文献。两个人每天在实验室里心情愉快、配合默契地工作 5 个小时，然后拉瓦锡再去做他那份很赚钱的工作，这可真是神仙般的日子啊，不过他们马上就要下凡了。

导火索其实是在之前就埋下的。1870 年，有个年轻的化学家向法国科学院提交了一篇关于燃烧理论的论文。论文确实写得不太行，拉瓦锡作为审稿人当然没予以通过，而且因为觉得文章水平太低，就说了几句很不好听的评价。不知怎么的这些话传到了当事人耳朵里，这位化学家从此怀恨在心。他确实没什么搞科学的天赋，没能出现在化学教科书上，不过却上了历史课本——法国大革命开始之后，这位名叫让·保罗·马拉的前化学家和前医生迅速上位，和罗伯斯庇尔一起成为雅各宾派的头头。雅各宾派是非常强调暴力革命的一派，光是在巴黎就砍掉了几千颗脑袋。马拉这时候想起拉瓦锡了，认为他早就应该被绞死。法国大革命是个混乱的时代，何况拉瓦锡还修建了让巴黎市民特别痛恨的巴黎城墙——身为一名包税官，对走私当然要严防死守，不过这道城墙确实断绝了不少民众的生路。当时的"税务总公司"最臭名昭著的一条就是只向穷人收税，按照朋友们的说法，拉瓦锡是个既温和又公正的人，奈何包税官这个行当就注定这两条都沾不上。

马拉很懂得宣传的力量，亲笔写了一本小册子来散布包税官的罪恶。凭良心说，这个行当确实出了不少巧取豪夺、欺男霸女的事儿，但也有一些是出于污蔑，比如点名指控拉瓦锡在收烟草税的时候故意洒水增加重量。实际上拉瓦锡在这件事上是很讲道理的，称重都是在洒水之前，一切交易以干重为准，洒水只是为了防止烟草干燥。但是搞宣传的人才不管那么多呢，就跟现在的很多营销号一样，怎么好煽动怎么来嘛。于是民众对包税官们的仇恨达到了顶峰，税务总公司很快被解散了。但

> 我是个科学家，我没那么了不起
> **学霸的非典型往事**

是这还不够，民众继续发出强烈的呼声，认为一定要把包税官们全都抓起来砍脑袋！

很遗憾，马拉是看不到他一手导演的复仇行动的结果了（虽然他一直坚持说自己这样做是为了祖国和正义来着），在那之前他就在泡澡的时候被一个女刺客干掉了，还催生出了雅克-路易·大卫的那幅名画《马拉之死》。不过拉瓦锡也没能逃掉，很快被逮捕，送上了"革命法庭"。法庭上摆着一具马拉的半身像，他就在那里被判有罪，当天就在法国最忙碌的那座断头台㊀被砍了脑袋。几十天之后，罗伯斯庇尔本人在同一个地方、以同样的方式结束生命，雅各宾派的统治也就此结束了。大革命结束之后，拉瓦锡被重新认定为无罪，但是法国最聪明的那颗脑袋（至少是之一）是再也接不回脖子上了。

拉瓦锡的故事还有个令人哭笑不得的后续。在他去世 100 年的时候，法国人民决定给他铸一座雕像。落成之后大家都去瞻仰，直到有个人发现：哎，这个雕像做得一点都不像啊。后来雕刻师才承认，他没弄到拉瓦锡的资料，是照着另一位在大革命中丧生的数学家孔多塞的头像制作的。他的想法是：反正也不会有多少人注意到这一点，你们跟他很熟吗？还不是顶个

㊀ 位于协和广场上的那一座，路易十六和玛丽·安东奈特也是在那里丧生。

名字就可以？他这个想法倒也没错，雕像一直就摆在那里没有再更改，放了几十年之后，在"二战"期间被当作废铁熔掉了，至于有没有变成炮管或刺刀，那就没人知道啦。

即便是在20世纪，在"冷战"期间也还是有科学家因为诬告而遭到迫害。罗伯特·奥本海默就是这么一位，幸好现代社会已经不能随便砍人头了，只能把他赶出研究项目，永不录用。

这个事儿的开端是这样的：我们都知道，奥本海默是"曼哈顿计划"中负责原子弹设计项目的科学家，率领着一个庞大的科学家团队，躲在洛斯阿拉莫斯这个乡下研究当时世界上的头号大杀器，也就是后来投到日本广岛和长崎的那两颗原子弹。项目还在选址那会儿，有位朋友叫薛瓦利埃，是伯克利的一位语言学家，他到奥本海默家吃饭时提起他们共同的一个朋友，说你还记得某某某吗？就是那个曾经在苏联待过一段时间的家伙，他说他有办法把技术情报送到苏联去。

奥本海默原先也没把这段对话当回事儿，后来思前想后，觉得这事儿不对劲，就主动地跑去找安保头头交代。安保头头一听还有这事儿，当然要追问到底了，奥本海默却又不愿意把薛瓦利埃说出来。FBI本来就在疑神疑鬼呢，于是立马得出结论："除非奥本海默在现实生活中如同儿童那样幼稚得让人不敢相信，否则他就是极其狡猾的敌人和不忠诚分子。"

得，这就算留下案底了。

奥本海默自己并不知道的是，早在他被聘请进入曼哈顿项目的时候，FBI方面就提出过反对。理由很简单：他有个多半是共产党的前女友，还有个确定是共产党的太太，弟弟和弟妹更是一对儿货真价实的共产党。所以FBI早就开始了对他的监视，这么多年下来，要是监视费用能分那么一两成给被监视对象，那他早就成百万富翁了。

当然，轻微的被害妄想症那必须是情报部门的职业素质，他们有责任比别人警惕，不过在科学家看来则不一样，因为他们确实没什么东西好给间谍偷的。那个时候他们的主要任务是提纯放射性元素，用来分离同位素的巨型加速器需要有一个巨大的电磁铁。有多大呢？全美国都凑不够足够的铜来做出这个电磁铁所需要的巨大线圈。没办法，"曼哈顿计划"的头头就跑去财政部，跟他们商量借点储备的白银用用。财政部知道这事儿重要啊，那必须支持，就拍胸脯了："好啊，要借多少都行！"

"太好了，先给我调6000吨吧！"

"……"

社会篇

最后还真的就借了 6000 吨的白银○给他，这要是换了别的哪个国家，那绝对是拿不出来的啊。所以也不是没人心里憋着坏，巴不得这种方案让间谍偷走，就让他们为了白银犯愁去吧！

不过后来，随着项目的进展，间谍与反间谍的战线也就越来越精彩。当时的研究那叫一个争分夺秒呀，因为大家都知道纳粹也在研究这玩意儿，万一先被德国人把原子弹制造出来，战争的结果就很难说了。等到原子弹试爆成功，"小男孩"和"胖子"在日本的广岛和长崎先后爆炸，物理学家们猛然意识到从自己手里释放出了一个怎样的恶魔，多数人开始后悔不迭，于是致力于控制原子能的使用。"原子能委员会"就是由此而成立的，奥本海默被选为这个委员会的科学顾问委员会主席，致力于控制所有原子武器的试验和使用。这可是个得罪人的位子，不管是军方还是军火商都想着把这么一个大杀器掌握在自己手里呢。另一方面，由于奥本海默在"曼哈顿计划"的期间一直反对研究氢弹，所以主张研制氢弹的几位也对他心怀不满。差不多在项目成功后，FBI 就开始了秋后算账。接下来的好几年，奥本海默都在断断续续地接受关于"薛瓦利埃事件"的质询，FBI 对他进行长期监视，怀疑他是苏联的间

○ 按照中国古代的计量方法，这是一亿九千二百万两，差不多相当于一个"马关条约"了。

谍。特别是在 1949 年苏联试制原子弹成功之后，更是不得了了：不是都说我们比苏联领先 N 年吗？怎么他们这么快就制造出原子弹了？一定是有间谍在偷偷泄露资料，必须把他抓起来！

实际上，"曼哈顿计划"的团队里确实有一个间谍，不过并不是奥本海默，而是来自英国的核物理学家克劳斯·富克斯。1950 年 1 月，他在伦敦被抓，供认说在整个战争期间和战后都在向苏联递送技术情报。美国人听到这个消息简直都要绝望了，因为这位富克斯先生当时就是专门管理技术资料的。从原子弹的数据到后来的氢弹的方案，全部都要经过他的手。也就是说，苏联人已经在制造氢弹了，他们不但没有落后，还走在了美国人前面！

一方面，这种"冷战"军备竞赛造成了紧张的气氛；另一方面，美国国内两党间的政治斗争，导致了 1950 年开始的"麦卡锡主义"，也就是对共产党员的迫害。FBI 可还没忘记自己怀疑过奥本海默是共产党员呢，何况那个真间谍富克斯可是奥本海默亲自招进团队的。首先是奥本海默的弟弟弗兰克遭到了迫害，他在多年前曾经是共产党员。弗兰克失去了在实验室里的工作，随后在大学也待不下去了，被迫回到了自家的牧场去养牛。随后就轮到奥本海默本人了，先是原子能委员会的头头博登给 FBI 写了一封长信，罗列了一大堆莫须有的罪名，指控奥本海默是苏联间谍；然后总统下令对他进行安保审查，在案件弄清之前不能再让奥本海默接触到任何机密材料。于是好好一个为国效力又为和平呼吁奔走的功勋科学家，突然之间被通知去参加安保委员会的听证会，被指控的罪名居然是通敌叛国。

当初原子弹项目的科学家们都来为奥本海默做证，只有少数几位在做证的时候认为奥本海默确实"不可信任"。这后来造成了美国物理学界最大的一次分裂，好多人从此就再也不互相说话了。前面说的几位匈牙利的火星人里，特勒就充当了一次反面角色，不少朋友从此跟他割席断交。后来费米临终的时候老惦记着要劝他跟大家道个歉，重新和好，但是到最后也没看到这一幕。另外一位跟特勒站同一边的有名人物是路易斯·阿尔瓦雷茨，20 世纪最好的实验物理学家之一，1968 年拿到诺贝尔物理学奖，不过他还做出过一个你一定知道的贡献，比他那个拿到诺贝尔奖的"氢气泡室技术和数据分析方法，从而发现一大批共振态"要有名多了，那就是他和当地质学家的儿子共同推断出，恐龙的灭绝是由一颗巨大小行星撞击地球所导致的。不过他 1988 年就去世了，没来得及看到人们发现当初那次撞击留下的陨石坑——位于尤卡坦半岛上的希克苏鲁伯陨石坑。

听证委员会最后的裁决是很滑稽的，他们承认奥本海默是

"一位忠诚的美国公民",然而又认为"恢复他的安保许可是不合适的"。实际上起诉方能够提供给听证委员会的那些证据,全都是早在1942年曼哈顿计划之前就被FBI掌握的,当时因为奥本海默对原子弹项目的作用很大,官方在明知这些信息的情况下给他特批了安全许可证,现在项目结束用不上他了,又翻出老账来说人家是危险分子。哼哼,这么前言不搭后语,幸好他们不搞科学,否则科学界还不得血雨腥风。

漂泊地球村

因特网的出现改变了人们的工作方式，而其中改变程度最深的群体之一就是科学家。从前科学家们搞研究需要两大要件：图书馆和科学通信；如今两大要件都已经被数字化，变成一大堆的0和1在光缆中飞蹿，就只剩实验设备还不能随身携带。所以对搞理论的学霸们来说，只要有网线，在哪里都可以。网络是没有籓篱的世界，国籍、阶级、贫富、宗教，全都无法真正把谁隔离开来。但在网络把大家都变成"死宅"之前，地球远没有如今这么扁平的时候，情况则大有不同。

你说学霸吧，怎么样也算是地球生物圈的一部分，所以跟花儿趋光趋肥一样，他们也会挑待着舒服的地界，而且还挺敏感。首先当然是有成团的习性——什么？你说我前面刚说过伟大的头脑都是孤独的？那是在生活上。学霸这种奇妙的生物，只要不掐架，1+1总是大于2的。因为在精神上学霸们一般都还是需要有朋友可以交流和认同的,不然很容易得抑郁症。其次,安全和舒适的生活也很重要,再伟大的工作都得先能活下去嘛。对于其他的事儿,也许每个人关心的都不一样,但这两条差不多是总则。

有人仔细研究过过去几百年间学霸们出生和去世的地点变化,发现他们的迁居中心在不断改变,从佛罗伦萨到巴黎再到柏林,随后一窝蜂地拥向美国。考察百余年来诺贝尔科学奖得主的分布,早期是德国最多,英国次之,"二战"后美国跑着步完成了超越,距离随后就越拉越大,再也没被赶上过。至于学霸迁出国,那绝对是要以俄罗斯为首,从 1990 年到现在,定居国外的俄罗斯科学家已经接近两万名,其中一半以上是数学家,3/4 是物理学家(加起来大于 1?因为好些物理学家同时也是数学家喽)。考察学霸们的国籍变化,也是件挺有趣儿的事情。

人类是社会化的动物,"与有荣焉"这个技能点是作为集体意识的一部分写在基因里的,所以甭管人家的光芒万丈是不是真的关自己事儿,人们的第一反应都是先给扒拉到"自己人"这个碗里来。德国和瑞士就争夺过爱因斯坦这位大宝贝。话说当初爱因斯坦拿到诺贝尔奖的时候正在去日本讲学的路上(他获颁的是 1921 年的诺贝尔物理学奖,但颁奖是在 1922 年),他并没有万里迢迢地跨越整个亚欧大陆去领奖。一来路途遥远,跑一趟起码要花上一个月和半条命;二来说不定他也预料到了他的国籍有点儿纠缠不清的状况。总之在他动身之前,已经有小道消息告诉他说"11月间可能会发生一些需要您在12月份留在欧洲的事件",劝他先别出发。这差不多已经挑明他一定会得诺贝尔奖了,但是当时德国国内正动荡不安,甚至谣传说他的生命安全受到威胁,所以爱因斯坦也没改变计划,自顾自地就跑去亚洲了。

获奖人不出现的话奖金是需要人代领的,瑞典皇家科学院的电报送到了爱因斯坦在柏林的住所:"授予您诺贝尔物理学奖,余函详。"德国驻瑞典大使就特别积极地出面去代领了,还发表了一番官方讲话。外交官嘛,说话都是既文雅又得体的,表示说"我国人民因为他们中的一员再次能够为全人类做成一点事而感到由衷的喜悦"。关键词有俩,一是"我国",二是"再次"。因为自从伦琴因发现X射线而获得首届诺贝尔物理学奖开始,过去20年间有7年都是由德国物理学家获奖,而且在"一战"之后,德国的国内状况非常糟糕,也需要这次获奖来提振士气。然后他又矜持地说愿意把这个荣耀稍微跟瑞士人民分享一下,"希望在许多年内为这位学者提供了一个家和工作机会的瑞士也能分享这种喜悦。"这句话简直高冷,瑞士人民立马掀桌不干了:什么"你国人民中的一员"?爱因斯坦现在拿着的可是瑞士护照呢!他在瑞士高中毕业,在瑞士上大学,在瑞士得到第一份工作,在瑞士娶了老婆,他怎么就变成个德国人了?

学霸的非典型往事

其实德国人自己也糊涂着呢。大使先生也不是个冒失人，领奖之前先向国内拍电报问了这个问题。外交部的答复是爱因斯坦是瑞士人，文化部的答复则是爱因斯坦是柏林科学院院士，所以他必须是德国人。大使先生也就很迷茫地先把奖给领了，反正爱因斯坦要回家那也是回柏林嘛。这笔糊涂账是怎么产生的呢？因为爱因斯坦在之前接受了柏林科学院的一个研究职位，这才会迁居到柏林。前面我们说过，德国的教授和研究人员属于国家工作人员，是由纳税人养着的，所以规定必须是德国人，爱因斯坦当时肯定也被要求加入德国籍。但问题是爱因斯坦本人坚决不认账，亲自去拜访了外交部长，表示当初说好的是我可以保留我的瑞士国籍，不然我才不会答应你们呢。反正现在回头去查他进出日本的通关记录，使用的确实是瑞士护照，而且后来诺贝尔委员会邮寄奖章和证书的时候，收件地址是瑞士驻德国大使馆。瑞士大使送货上门，亲手把奖章和证书交给爱因斯坦的时候，这出大戏才落下帷幕。

当然，德国和瑞士谁都没有留住这位 20 世纪最伟大的科学家。1940 年 10 月 1 日，爱因斯坦宣誓加入美国籍。小镇普林斯顿才是他最后的归宿。为了支援美国对轴心国开战，他拍卖了狭义相对论的手稿——当然不能指望不修边幅且丢三落四的爱因斯坦把文档从 1905 年一直保留到几十年后了，这份拍卖的手稿是他后来现写的，拍了 650 万美元，在当时可以算是一笔巨款啦。

　　爱因斯坦在普林斯顿最好的朋友是哥德尔,他生在捷克,成长在奥地利,讲的是德语,因为不愿意离开维也纳而一直拖到了 1939 年底才离开欧洲,如果当时再晚几天可能就再也走不掉了。他终于下定决心离开的原因是当时有一群小混混以为他是犹太人(他还真不是)而殴打他,幸好他的太太大发神威,用长柄雨伞揍跑了混混们,才没出什么大事。哥德尔在战后也打算申请加入美国籍,提出申请之前他先研究了一下美国宪法,身为一位逻辑学家(应该也是 20 世纪最好的之一),他发现美国宪法里有前后不一致的地方,而这个矛盾很容易就能推出一个独裁统治者。不过他还是提出了申请,请爱因斯坦当他的证人,然后把这个发现告诉了他。爱因斯坦一听就觉得不妙,发现就发现了吧你还说出来,连装傻都不会了吗?绝不能让这家伙在移民官面前把这话说出来!但正面告诫对哥德尔来说是行不通的,逻辑学家不接受外加的规则,他只好在前往法院宣誓的路上挖空心思不断地东拉西扯,希望分散哥德尔的注意力。这个活儿换成费曼来干的话也许能够愉快胜任,但是爱因斯坦哪儿是个逗哏的材料啊,而且就算他成功也没用了,因为法官一开口他就傻眼了:"你认为像德国这样的独裁政权,有可能在美国发生吗?"

　　在场的所有朋友都心中一凉,觉得这回要歇菜。哥德尔一听这问题顿时神采奕奕，立马准备严肃又缜密地陈述一下为什么美国的宪法在逻辑上允许一个法西斯政权崛起。幸好这位法官也是老熟人了（当初爱因斯坦也是在他面前宣誓的），一看这苗头不对，异常机智地就把话题打断了。接下来的程序比正常情况下快了三倍，在哥德尔还没找到机会再捡起话头的时候，大家就通力合作让他宣誓完毕了。

对任何一个国家来说，顶尖科学家都是国宝级的存在，只要有可能，当然希望能把他们都据为己有。不过美国也干出过就是不给人绿卡，就是不让你入境美国的事儿，哪怕有缺了你就没法进行的会议在等着，想入境？对不起，没门儿。

当时会让美国拒绝某个顶尖学霸入境的原因一般只有两个：一是同性恋（所以图灵来不了美国，这让冯·诺伊曼非常失望），二是跟共产党沾上一点关系的。判断一个人是共产党的理由就太多了，比如之前奥本海默娶了个疑似曾经是共产党员的老婆，又比如爱多士给华罗庚写过信。虽然他信的开头其实是这样的："亲爱的华，设 P 是一个奇素数……"不过两位数论学家的学术通信里面充满了可能被误认为是密码的天书符号，那可一点儿都不奇怪。

算了，就算爱多士不给华罗庚写信，他也不太受"山姆大叔"（美国的拟人形象）欢迎。这个火星人啊，一直就无法理解地球人为什么要有那么复杂的行为规范。当初他特别主动地跑去洛斯阿拉莫斯毛遂自荐，愿意为原子弹的研制出一份力，可是又强调说自己以后要回布达佩斯，因为他母亲还在那里呢。而对美国人来说，更重要的是匈牙利当时是苏联的地盘。后来他被拒绝之后还故意给原子弹小组的老乡们写明信片："亲爱的彼得，我的间谍告诉我山姆正在制造原子弹，这是真的吗？"这种玩笑其实真的很不好笑，他只是习惯性地专跟权威对着干，就跟他总针对上帝一样。后来美国国内的反共形势越来越严峻，已经到了没有朋友敢借电话给他往匈牙利打长途的地步了——匈牙利在当时属于苏联阵营，打向那里的电话必然被美国监听，而一旦你的电话有被监听的前科，那你就惹上麻烦了。

为了防备爱多士回到布达佩斯，移民局的官员不希望他离开美国。可是爱多士是谁呀，不让他干啥他就偏要干啥。1954年他去了阿姆斯特丹参加一个国际数学会议（当然是为了数学，别的事儿才不值得他感兴趣呢），离开美国的时候就被吊销了美国绿卡，匈牙利也不允许他入境。于是他真的当了一年左右的"火星人"，没有国家可去，谁都不肯给他长签证。后来朋友们帮助他得到了一个匈牙利的"特别护照"，允许他作为匈牙利人在国外居住，这在当时的匈牙利简直是个奇迹。但是正因为和匈牙利扯上了关系，进入美国就显得更加困难了，不管是大学校长、学术名人还是参议员的邀请函都没法帮助他来到美国。按照爱多士的原话，"美国国务院制定对外政策时对于以下两点是毫不动摇的：不允许中国进入联合国；不允许保罗（爱多士的名字）进入美国。"

中华人民共和国，后来当然还是恢复了在联合国的合法席位，爱多士也总算在几百位数学家的联名呼吁下又能进入美国了。这对他来说很重要，因为美国集中了全世界最好的数学家，这样他就又可以继续他那居无定所的旅行，不断地跑到不同数学家的家里，和他们讨论问题啦。